beck'sche reihe

bsr

Darf man auf Kirschen Wasser trinken? Machen Nudeln dick? Darf man Pilzgerichte aufwärmen? Hilft Grüner Tee gegen Krebs? Macht Pernod impotent? Was bewirken Fitneß-Drinks? Catharina Lohmann geht in ihrem Buch solchen Fragen rund ums Essen nach und findet (meistens) überraschende Antworten. Sie deckt populäre kulinarische Irrtümer auf, erzählt wirklich Wissenswertes über Essen und Trinken und gibt prima Tips für Leute, die sich nicht über den Küchentisch ziehen lassen wollen.

Dieser Ernährungsberater bringt harte Fakten, ist gut zu lesen, sagt Ihnen, was Sie schon immer übers Essen wissen wollten und bisher nirgends finden konnten, und sichert Ihnen beim Smalltalk in der Küche einen Informationsvorsprung, der nicht so leicht einzuholen ist.

Catharina Lohmann hat Ökotropologie studiert, war Werbetexterin, Redakteurin und Fernsehjournalistin. Sie lebt als freie Autorin in Frankfurt am Main. Buchveröffentlichung: *Frauen lügen anders* (1998).

Catharina Lohmann

Machen Bananen glücklich?

Der *etwas andere* Ernährungsberater

Verlag C.H. Beck

Die Deutsche Bibliothek – CIP-Einheitsaufnahme

Lohmann, Catharina:
Machen Bananen glücklich? : der etwas andere Ernährungsberater / Catharina Lohmann. – Orig.-Ausg. – München : Beck, 1999
(Beck'sche Reihe ; 1318)
ISBN 3-406-42118-0

Originalausgabe
ISBN 3 406 42118 0

Umschlagentwurf: +malsy, Bremen

Satz: Jung Satzcentrum, Lahnau
Druck und Bindung: C. H. Beck'sche Buchdruckerei, Nördlingen
Gedruckt auf säurefreiem, alterungsbeständigem Papier
(hergestellt aus chlorfrei gebleichtem Zellstoff)
Printed in Germany

Danke, Sibylle

Inhalt

Statt eines Vorworts
„Natürliche" Ernährung – was könnte das sein?

Das ist zum Lachen: Im Cartoon des Amerikaners John Jonik kommt der Altsteinzeitler beim Grillen einer Bärentatze ins Grübeln und sagt zu seiner Gattin: „Stell dir vor, alles, was wir essen, ist hundertprozentig natürlich. Und unsere Lebenserwartung liegt nur bei 31 Jahren."

Manche können über das Thema nicht lachen: Unsere Lebensmittel sind denaturiert, chemisiert, verseucht, geschmacksverfälscht, sagt sich der ernährungsberatene Bürger und will zurück zur Natur. Essen, wie's der liebe Gott, oder – je nach Glaubensrichtung – die Evolution für uns vorgesehen hat, lautet sein Credo. Warum? Keine Frage, weil der unverfälschte Geschmack gesünder ist und man deshalb länger lebt. Oder auch nicht. Siehe oben.

Unsere prähistorischen Artgenossen aßen ganz sicher nicht, um länger und gesünder zu leben, sondern um zu leben. Gestorben sind sie – obwohl das Eidechsenfilet ohne Wachstumshormone und die Buschknospen ohne Pestizidrückstände waren – durch ihre Mitesser: Würmer und Parasiten in Magen, Darm und Muskeln, oder durch Giftpflanzen, um nur zwei Todesursachen zu nennen, die initial mit dem Essen zu tun haben.

Lassen wir uns auf der Suche nach den Menuekompositionen unserer Stammhalter aber davon nicht beirren – schließlich soll die Kombination des jetztzeitlichen Hygienestandards mit der paläolithischen Diät den gewünschten naturreinen Lebensmitteleffekt bringen! Der Evolutionsordnung halber beginnen wir mit der „Topfguckerei" bei den Gorillas und anderen Affen, wie Orang Utans, Schimpansen und Zwergschimpansen, mit denen wir immerhin 98,4 Prozent des Erbgutes gemein haben. Sie futtern vorwiegend Grünzeug; völlig natürlich ist es für unsere nächsten Verwandten allerdings auch, sich ab und an mal an kleineren Verwandten zu vergreifen und sie roh und ungewürzt runterzuschlingen. Heuschrecken, Termiten und anderes Krabbelgetier werden als kleiner Snack auch gerne genommen. Kein Gemüse also auf die Mühlen derer, die den Ursprung aller natürlichen Nahrungsaufnahme gerne in fleischloser Kost sehen würden. Am „vegetarischsten" verhalten sich die dem Menschen am wenigsten verwandten Gorillas; sie mögen keine Säugetiere, dafür lassen sie sich jedoch Raupen und Kot schmecken.

So viel zum damalig-heutigen Affenfraß. Der unterscheidet sich nicht wesentlich von dem, was sich der spätere – zum aufrechten Gang hin entwickelte – Australopithecus africanus vor drei Millionen Jahren zwischen die kräftig entwickelten Kiefer schob. Aas, rohes Fleisch und roher Fisch waren für die Zottelwesen eine willkommene Beilage zum Grünzeug. Geröstete Würmer oder Wollhaarnashornschaschlik an Agavengemüse gab's allerdings erst vor etwa 500 000 Jahren – und längst nicht überall, denn die Verbreitung des Feuers erfolgte nicht zeitgleich erdflächendeckend. Soweit es sich nachvollziehen läßt, war das Essen am Lagerfeuer protein- und fettreich, mit wenig Kohlenhydraten. Die fehlenden Süßanteile schützten unsere Altvorderen jedoch nicht vor Zahnverfall. Die Skelette der Neandertaler beispielsweise wiesen neben vielen Blessuren wie Knochenbrüchen und Gelenkentzündungen einen ziemlich schlechten Gebißstatus auf. Anhand der Zähne klärten amerikanische Wissenschaftler noch einen anderen Ernährungsirrtum auf: Es scheint nicht der Umstieg auf animalische, also besonders eiweißreiche Kost gewesen zu sein, die das Gehirn in menschliche Dimensionen anwachsen ließ – der Zahnschmelz der Australopithecinen läßt den Schluß zu, daß auch deren vorwiegend vegetarische Lebensart das Hirn nicht in seiner Entwicklung beeinträchtigte. Mehr Genaues weiß man nicht – bis die neuesten Forschungsergebnisse auf dem Labortisch sind, halten wir an den alten Erkenntnissen fest: egal ob Fisch ob Fleisch – am Anfang großer Veränderungen loderte das Feuer. Denn weichgekochte Nahrung hinterließ über zigtausend Generationen hinweg deutliche Spuren an unseren Körpern – die Kaumuskulatur schrumpfte und hat uns zu unserem jetzigen – im Verhältnis zur Körpergröße – kleinen Kopf mitsamt seinem Hochleistungsgehirn verholfen. Am Rande sei bemerkt, daß der Hirnzuwachs beim Homo sapiens – er besitzt, wieder im Verhältnis zur Körpergröße, das größte Gehirn aller Säugetiere – nichts mit Intelligenz zu tun hat; ein großes Gehirn zeugt nicht von hohem IQ, im Gegenteil, ab einem bestimmten Volumen nimmt er sogar ab.

Jenseits aller Mutmaßungen, im sehr gut nachvollziehbaren Bereich, liegen die Speisepläne und die Denkart der Antike. Genau wie heute stürzten sich gewisse Gesellschaftsschichten in steter Regelmäßigkeit von lukullischen Freßgipfeln in die Niederungen des Diätwahns, gleichzeitig auf der Suche nach der idealen Körperform, während das gemeine Volk zusah, daß es überhaupt etwas zu beißen hatte. Es gab Starköche genauso wie eine gastronomische Subkultur, Freßorgien genauso wie die erhobenen Zeigefinger der Mäßigungsapostel. Die Ernährungsnorm der alten Römer und Griechen bestand jedoch weniger in den vielzitierten orgiastischen Freßgelagen von Nero und Co., sondern war eher karg und vegetarisch. Zuviel des Guten entsprach nicht der herrschenden Philosophie. Getreidebrei und Fladenbrot, Bier und Wein, Käse, Feigen, Oliven, Gemüse und Obst, Eier, Pilze und Nüsse bildeten die Grundlage. „Natürliches" in jeglicher Hinsicht nahm allerdings nicht wie bei uns heutzutage eine Art Kultstatus ein, freie und unbearbeitete Natur stand einfach nur im Widerspruch zur „kultivierten" Lebensweise der Hochkultur. Die Gründe, weshalb Pythagoras von Samos, der nicht nur den bekannten Lehrsatz im rechtwinkligen Dreieck, sondern auch den Vegetarismus „erfand", zum Maßhalten aufrief, waren ethischer und nicht zuletzt medizinischer Natur. Die Wiege der Ernährungsmedizin stand im alten Griechenland. Zwar wußten die Ärzte nichts über die einzelnen Nahrungsbestandteile, erkannten einzelne Lebensmittel wie Honig und Haferschleim aber doch als Heilmittel und diagnostizierten beispielsweise Gicht und Fettsucht als ernährungsabhängige Krankheiten. Im hippokratischen Eid werden diätetische Maßnahmen ausdrücklich als Heilmittel aufgeführt.

Im krassen Gegensatz dazu stand die „Eßkultur" unserer direkten Vorfahren: Germanen und Kelten machten ihrem Schimpfnamen auch in Sachen Ernährung alle Ehre – sie war „barbarisch" oder roh, im weitesten Sinne also sehr natürlich. Wildwachsendes Obst und Gemüse kam zur Pferdekeule auf den Holzplankentisch, üblich war es auch, Fleisch roh zu verzehren. Fleisch essen galt als männlich, genau wie das urgermanische Trinkgebaren – Bier bis zum Umfallen. Bekanntermaßen wurden die hochzivilisierten Systeme in Rom und Griechenland von der germanischen Urgewalt überrollt – damit kam die Eßkultur erst auf den Hund und später, im Mittelalter, an die christliche Kandare. Kleine Portionen an Brot, Wein und Öl, Askese und Fastenzeiten wurden dem niederen Volk schmackhaft gemacht, während sich die Privilegierten – auch in den Klöstern – mit Tagesrationen von geschätzten 5000 Kalorien die Bäuche vollschlugen.

Damals wie heute war die Nahrungsaufnahme vom Zeitgeist geprägt. Die Parole „Zurück zur Natur" ist keine Modeerscheinung unserer Zeit. Sie war im Mittelalter genauso verbreitet wie zu Rousseaus Zeiten – und brachte genaugenommen immer einen Rückschritt in Bezug auf die wissenschaftlichen Erkenntnisse und damit für die Lebensqualität mit sich.

Nicht alles, was „natürlich" ist, muß auch gut sein. Richtig weg von einer fatalistischen Lebenseinstellung ist der Mensch noch gar nicht so lange. Zwar war ihm zu allen Zeiten bewußt, daß man ohne zu essen nicht leben kann, und er erkannte, daß bestimmte Nahrung eine ganz besondere Wirkung im Körper verursachte. Daß man mit einer einseitigen Ernährung jedoch nicht leben kann, ist eine Erkenntnis, die noch keine 70 Jahre alt ist: Die Idee, Inhaltsstoffe von Essen und Trinken mit Gesundheit und Krankheit in Verbindung zu bringen, hielt man in sogenannten seriösen wissenschaftlichen Kreisen unseres Jahrhunderts lange für abwegig – weshalb die Ernährungsforschung anfangs große Probleme hatte, sich zu etablieren.

Ihre Anfänge wurzeln in einer Zeit, als die Medizin zum Kreuzzug gegen die von Robert Koch neu entdeckten Mikroorganismen aufbrach und die Wissenschaftler – geblendet durch sensationelle Erfolge im Kampf gegen Infektionskrankheiten – die Ursache aller krankmachenden Übel auf mangelnde Hygiene zurückführten. Auf diese falsche Fährte gelockt, versuchte man Anfang des 20. Jahrhunderts, die „Erreger" der Vitaminmangelkrankheit Beri Beri mit Karbolsäure, Aderlaß und Arsen einzuschüchtern. Hunderttausende fielen dem Skorbut, ausgelöst durch Vitamin C-Mangel, zum Opfer, weil auch diese „Bakterien" allen Mixturen aus der Apotheke widerstanden. Admiral Sir Richard Hawkins erkannte zwar schon im Jahre 1593 die Heilwirkung von Zitrusfrüchten, seine Erfahrungsberichte wurden jedoch ins Reich des Seemannsgarns abgetan – tiefe Kluften taten sich zwischen Wissenschaft und gelebter Praxis auf. Pellagra, eine Vitamin B-Mangelkrankheit, führten die einen Wissenschaftler auf den Stich der Sandfliege zurück, andere machten die Sonnenstrahlen dafür verantwortlich: Immerhin zeigten sich die ersten Symptome – rauhe und schuppige Haut – zuerst an den Körperstellen, die ihnen am häufigsten ausgesetzt waren. Erst im Jahre 1937 konnte Dr. Conrad Arnold Elvehjem den „Heilstoff" Nicotinsäure, einen Vitaminfaktor der B-Gruppe, aus Leberextrakt isolieren. Den „Hungertod bei vollen Schüsseln" zu enträtseln – Menschen, die an Vitaminmangelkrankheiten starben, hatten schließlich meist genug zu essen – war nicht nur eine Frage wissenschaftlichen Ideenreichtums. Die Pioniere der Ernährungswissenschaften, meist Chemiker, mußten sich auch gegen Widerstände aus den Reihen der Mediziner durchsetzen, die sich ihr Terrain, die menschlichen Erkrankungen, nicht durch Nestbeschmutzer aus dem Fachbereich Chemie streitig machen lassen wollten. Dem ersten, dem es gelang, die verhärteten Grenzen zu sprengen, war der englische Chemiker und spätere Nobelpreisträger der Medizin Frederic Gowland Hopkins. Treibende Kraft und Ziel seiner Forschung war es nicht, einmal entwickelte Theorien und Thesen als heilig und unantastbar gegenüber Kollegen zu verteidigen, sondern er hatte die Praxis, das Wohl der Menschen, vor Augen. Sein entscheidendes Verdienst war es umzudenken, eine Frage an die Wissenschaft neu zu formulieren; nicht mehr, wie bisher üblich, die Forschung unter dem Aspekt „Welche Mittel heilen Skorbut, Beri Beri und die anderen Mangelkrankheiten?" zu betreiben, sondern das Problem von einer anderen Seite zu betrachten: „Welche Stoffe muß die Nahrung enthalten, um unsere Gesundheit und Leistungsfähigkeit zu erhalten und zu steigern?" Der Amerikaner McCollum ging noch weiter. Da er als Biochemiker mit seinen Erkenntnissen über die lebenserhaltende Bedeutung einer vollwertigen Ernährung bei den Medizinern auf taube Ohren stieß, trat er an die Öffentlichkeit. Er sah es nicht ein, ernährungsbedingte Krankheiten erst dann zu bekämpfen, wenn sie aufgetreten waren. Schließlich wußte er im Jahre 1912 bereits genug, um vorbeugen zu können. Mit Weißbrot, Fleisch und Kartoffeln alleine wurden seine Versuchstiere und die Menschen um ihn herum krank. Wenn der Speisezettel mit Blattgemüse, frischen Früchten, Innereien und Milch ergänzt wurde, ging es allen gut. Warum sollte man der Öffentlichkeit dieses Wissen vorenthalten? McCollum führte erstmals den Begriff „protective food" (Schutznahrung) ein und fand auf seinen Vortragsreisen begeisterte Zuhörer und Anwender. Viele Kollegen jedoch verübelten ihm seine Aufklärungskampagne. Forschung mit Aufklärung zu verbinden war Verrat an der Sache.

Die junge Geschichte der Ernährungswissenschaften liest sich wie ein Krimi und ist längst nicht zu Ende geschrieben. Man weiß zum Beispiel erst ansatzweise, wie Nährstoffe sich gegenseitig beeinflussen oder wie sie vom Körper verwendet werden, um Gewebe zu regenerieren. Selbst heute kann noch kein Ernährungswissenschaftler erklären, wie sich die Aufnahme bestimmter Nahrungsmittel beim einzelnen Menschen genau auswirkt – ob sie nun natürlich, naturbelassen oder „degeneriert" sind oder nicht.

Essen zur Jahrtausendwende

Mit ihrem SalaDim ist der Firma Thomy etwas völlig Neues gelungen. Normalerweise schmeckt eine Majonnaise nach etwas Wein, Essig, Senf und gutem Öl. Aber diese hier schmeckt süß, sauer – der Rest ist unbekannt. Ein ganz perverser, aber reizvoller Geschmack, den die Firma in jahrelanger Laborarbeit entwickelt haben muß. In der Natur kommt so was nicht vor. Die Rezeptur des Nudelsalats ist dermaßen chaotisch, daß sie wirklich nur durch das SalaDim-Korsett zusammengehalten wird. So bekommt der Salat den Charme der Sechziger, in denen sämtliche Möglichkeiten der Lebensmittelindustrie ausgetestet wurden. Aber zugegeben: In manchen Fällen ist eine Konserve einfach unverzichtbar. Wie sollte man den Groove eines Toasts Hawaii ohne Dosenananas herstellen?

Vincent Klink

Designer Food, Novel Food – was essen wir da eigentlich?

Großmutters gute, alte Lebensmittel sterben langsam aus. Was heute auf den Tisch kommt, heißt Novel-, Functional-, Convenience- oder Designer Food. Das sind Nahrungsmittel, die im Labor „modernisiert“ werden und danach mehr oder weniger von dem haben, was Mutter Natur ihnen mitgegeben hat.

So wird beispielsweise der Butter Fett entzogen und gegen Wasser ausgetauscht, um sie „light“ zu machen; beim Imitat-Käse wird das Milcheiweiß durch pflanzliches Eiweiß und beim Diätsalz Natrium durch Kalium ersetzt; in fettfreie Fruchtsaftgetränke werden fettlösliche Vitamine eingebaut, oder es wird etwas gänzlich Neues entworfen, wie etwa PASELLI SA 2, ein Fett-Ersatzstoff, der aussieht wie Fett, sich anfühlt wie Fett, schmeckt wie Fett, aber Zellulose ist.

Solche optisch, inhaltlich und geschmacklich frisierten Kreationen verdanken wir zum einen der Nahrungsmittelindustrie, die mit immer weniger Material- und Produktionsaufwand immer mehr Gewinn erzielen will, zum andern verlangen die Verbraucher immer mehr für immer weniger Geld. Um alle Forderungen unter einen Hut zu bringen, schütteln die Wissenschaftler aller Herren Länder die Reagenzgläser täglich neu. Was dabei herauskommt, wird schön verpackt in den Regalen der Lebensmittelmärkte präsentiert und macht bereits 80 Prozent des Angebots aus.

Dieser Wandel in unserer Eßkultur hat sich in den letzten Jahren weitgehend schleichend vollzogen und stößt den meisten erst so richtig säuerlich auf, seitdem gentechnologisch veränderte Produkte (Novel Food) in aller Munde sind. Hardliner in Sachen Naturkost gehen jetzt wieder verstärkt auf die Barrikaden und verteufeln alles, was nicht „naturbelassen“ ohne Umwege vom Acker auf den Teller kommt, als „Technofraß“, während die Vertreter der Ernährungsindustrie ihre Schöpfungen als wahre Wundermittel für Jugend, Schönheit und Fitness anpreisen. Die Wahrheit liegt, wie so oft, irgendwo dazwischen. Tatsache ist, daß bei unseren Ernährungsgewohnheiten – dem Trend der Zeit angepaßt – Schnelligkeit und Bequemlichkeit als unentbehrliche Zutaten eines jeden Gerichts im Vordergrund stehen. Deshalb wird der Markt zugeschüttet mit Nahrungsmitteln, die „convenient“ gemacht wurden, was nichts anderes bedeutet als praktisch und bequem. Vorreiter in dieser Lebensmittelabteilung war die „Erbswurst“ von „Knorr“:

Die in Tablettenform gepreßte Trockenmasse aus Erbsenmehl, Speck, Zwiebeln und Gewürzen gibt's seit über 100 Jahren – damals war sie der Renner, heute kann sie sich geschmacklich und von den Umsatzzahlen her gegen die übermächtig angewachsene Tütensuppenkonkurrenz nicht mehr durchsetzen. Verkaufsschlager unter den Fertiggerichten ganz allgemein sind heutzutage Tiefkühlprodukte. Als Eisklumpen haben fremdländische Spezialitäten, wie Nasi Goreng, Lasagne oder Paella, vor allem die Single-Küche erobert. Beherzt zugegriffen wird jedoch auch bei den Komplettmenüs in der 2–3-Kammer-Plastikschale, die, weil hitzesterilisiert, ungekühlt im Regal stehen können. Ob deftige Hausmannskost oder exotische Delikatessen in die Verpackung eingeschweißt werden, bleibt dem Können der Lebensmitteltechnologen überlassen. Sie brüten ständig neue Herstellungsverfahren aus, um am Markt zu bleiben und die wichtigsten Wünsche der Käufer zu erfüllen: Viel Abwechslung, schnell, schnell und bloß nicht selber kochen.

Vorbeugung und Behandlung von ernährungsabhängigen Krankheiten war das Ziel, das sich die Food Designer anfangs bei der Herstellung von Functional Food gesetzt hatten. Unter diesem Begriff werden nährstoffangereicherte Lebensmittel gehandelt. Auch hier artet in Unsinn aus, was durchaus einmal als sinnvolle Maßnahme hinsichtlich einer optimalen oder für bestimmte Zielgruppen maßgeschneiderten Nährstoffzufuhr gedacht war: zum Beispiel der Muttermilch angepaßte Fertigmilch fürs Baby, zuckerfreie Kost für Diabetiker oder – für bestimmte Regionen wichtig – mit Jod angereichertes Speisesalz. Derzeit schwappt die Welle der angereicherten Nahrungsmittel allerdings über. Der Markt wird überschwemmt von vitaminisierten und mit sonstigem Allerlei geimpften Getränken, die sich „energy drinks" oder „sport drinks" nennen und laut Angaben der DGE (Deutsche Gesellschaft für Ernährung) weder schaden noch nützen, also völlig überflüssig, dafür aber richtig teuer sind – letzteres ändert nichts daran, daß sie reißenden Absatz finden. Aber auch Müsli, Joghurt, Tee, Süßigkeiten, Brot, Wurst und vieles andere mehr ist nicht mehr ohne. Dazugepackt werden Vitamine, Mineralstoffe, Ballaststoffe, Aminosäuren, Lecithin, Koffein, um nur einiges zu nennen. Die entsprechenden Werbeslogans wollen uns weismachen, daß, wer alles brav runterschluckt, länger und gesünder lebt, alltagstauglicher oder gar schöner wird. In Wirklichkeit braucht Otto Normalvertilger weder vitaminisierte Limonade noch fettfreie Salami, um sich gesund zu ernähren oder fit zu bleiben. Er braucht lediglich eine ausgewogene, gemischte Kost mit viel Obst und

Gemüse, wenig Alkohol, viel Bewegung und eine kritische Einstellung gegenüber dem, was ihm die Nahrungsmittelkonzerne auftischen. Denn der Verbraucher – so stellen es die Ernährungswissenschaftler fest – läßt sich nicht von ernährungsphysiologischen Erkenntnissen leiten, sondern von seiner Bequemlichkeit, von Werbung, Mode und Skandalen. Solange er sein Verhalten nicht ändert, geht der Trend 2000 ungebremst weiter hin zu den neuartigen Lebensmitteln.

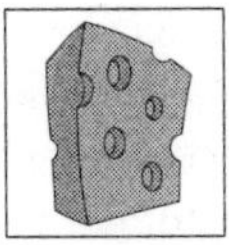

Stimmt es, daß man von Light-Produkten zunimmt?

Den Designern kalorienreduzierter Erzeugnisse ist es gelungen, Wasser schnittfest und Stärkemehl zu Pseudofett zu machen – von Mißerfolgen gekrönt sind allerdings die Bemühungen der Diät-Gläubigen, die mit diesen Produkten abnehmen wollen; was sich reduziert hat, war nicht ihr Gewicht, sondern allenfalls der Inhalt des Geldbeutels: Die Verkaufszahlen belegen, daß von „Light"-Produkten gerne immer mehr genommen wird. Man geht davon aus, daß bestimmte Fett- oder Zuckerersatzstoffe den Hunger erst so richtig ankurbeln. (Der Süßstoff Saccharin ist in der Tierernährung ein Masthilfsmittel.)

Es ist auch möglich, daß sich der Organismus schlichtweg „getoppt" fühlt. Schließlich hat er zeit seiner Existenz gelernt, welche Nährstoffe was in ihm bewirken und worauf er Hunger haben muß oder kann, wenn ihm ein bestimmter Nährstoff fehlt. Dieses Phänomen nennt sich „spezifischer Hunger". Im Extremfall (Picasyndrom), bei extremem Mangel einer lebenswichtigen Substanz, werden Mensch und Tier veranlaßt, Dinge zu essen, die normalerweise nicht in der Lebensmittelabteilung zu finden sind: Farbe, Wäschestärke, Lehm u. a. Vor allem Schwangere und Kinder fallen durch diese Gelüste der anderen Art auf. Wenn der nicht schwangere, dem Kindesalter entwachsene Light-Food-Fan Lust auf Salami hat, könnte seinem Body Fett fehlen. Wird der nun mit Light-Salami abgespeist, deren Fett aus Wasser besteht, verschwindet weder der „spezifische" Hunger noch die „Lust" auf Fettes. Was tut also der Light-Food-Geplagte? Er ißt weiter, egal ob „light" oder schwer, so lange, bis sich ein Sättigungsgefühl einstellt.

Gibt es den Super-Kraftstoff fürs Gehirn?

Um die schlechte Nachricht gleich vorwegzunehmen: Das Geheimrezept fürs phänomenale Gedächtnis, für eine schnelle Auffassungsgabe oder für nie erlahmende Konzentrationsfähigkeit gibt es nicht. Auch die Wunderpille als Wachstumsbeschleuniger für einen zu klein geratenen Intelligenzquotienten muß erst noch erfunden werden. Davon abgesehen kann man jedoch einiges dazu tun, um das, was an Gehirnmasse da ist, mit dem nötigen „Kraftstoff" zu versorgen und somit in den entscheidenden Situationen auf Hochtouren laufen zu lassen.

Unabdingbare Voraussetzung für ein reibungsloses Funktionieren der Gehirnmechanismen sind ein guter Gesundheitszustand und eine von Ärger oder sonstigen Belastungen freie Psyche. Bekanntermaßen lassen Angst, Wut oder Schmerzen keine „Denk-Freiräume" mehr für französische Grammatikregeln oder schlagfertige Antworten. Andere „Denk-Hemmer" sind Alkohol oder Nikotin. Wer „trinkt, um zu vergessen", tut das nicht, weil Alkohol einen Ruf als Gedächtnisstütze hat, und wer nach durchzechter Nacht unter einem Blackout oder einem „Filmriß" leidet, macht die praktische Erfahrung, daß Alkohol nicht das Erinnerungsvermögen stärkt. Gewohnheitsmäßige Trinker müssen in Kauf nehmen, daß ihre Leistungs- und Konzentrationsfähigkeit auch dann noch „benebelt" ist, wenn der Promillestand im Blut gegen Null tendiert. Auch Rauchen schränkt die Gehirnfunktionen ein. Die durch Nikotin ausgelöste Gefäßverengung hat zur Folge, daß die Blut- und somit Nährstoff- und Sauerstoffzufuhr zum Gehirn beeinträchtigt wird.

Das Koffein in Kaffee oder Tee hingegen kann die Gehirntätigkeit anregen, sofern man den Konsum nicht übertreibt. Während kleine Mengen (zwei bis drei Tassen pro Tag) Wachheit, Energie und Aufmerksamkeit ankurbeln, bringt die Gewöhnung für die Gedächtnisleistung negative Auswirkungen wie Unruhe, Nervosität und Schlafstörungen mit sich. Generell sollte man von Koffein als Gehirnleistungsbeschleuniger nicht zuviel erwarten – die „Erregungskurve" nach dem Genuß von Koffein sinkt zu schnell ab, als daß es sich als „Wundermittel" bei Prüfungen oder sonstigen längerfristigen geistigen Anforderungen positiv auswirken könnte. Ernährungsphysiologen raten zu einem anderen „legalen Doping": Zucker. Bei jung und alt erleichtert Traubenzucker das Erinnern. Allerdings gilt auch hier: Weniger ist mehr. Sich in Streßsituationen jede Menge Traubenzucker oder zuckerhaltige Getränke zu geben kann schnell das Gegenteil bewirken: Konzentrationsstörungen. Der Gehirnforscher Richard Thompson gibt seinen Studenten folgenden Tip: „Essen Sie einen Schokoladen- oder Müsliriegel nach jeder Vorlesung und dann einen weiteren eine Stunde vor der Prüfung." Dieser Ratschlag wird jedoch keine Wirkung zeigen, wenn man sich vorher den Magen mit Eisbein und anderem Schwerverdaulichem vollgeschlagen hat. Ausschlaggebend für eine optimale Gehirnleistung ist der richtige Nährstoffcocktail. Dem jeweiligen Energiebedarf entsprechend sollen „Lebensmittel mit hoher Nährstoffdichte" wie Getreideprodukte, Kartoffeln, Gemüse, Obst, Seefisch, mageres Fleisch, fettarme Milch- und Milchprodukte auf fünf bis sieben kleine Mahlzeiten pro Tag verteilt werden. Die üblichen drei „großen" Hauptmahlzeiten belasten die Verdauungsorgane und machen müde.

Es gibt Autoren, die bestimmten Nahrungsmitteln und Gewürzen eine Wirkung als „Zündschnüre" fürs Gehirn zuschreiben, als da wären: Pfefferminztee, Safran, Muskatnuß, Vanille, Kümmelsamen, Pflanzenkeimlinge, Leber, Schimmelkäse, Joghurt, Fisch, Austern, Schokolade und Ingwer. Was zu beweisen wäre – wenn es darauf ankommt, also beispielsweise am Tag der Prüfung, sollte man allerdings keine Experimente wagen. Egal, wie erprobt ein „Gehirnleistungs-Rezept" bei anderen ist – anregende Lebensmittel wirken nicht bei jedem Menschen gleich. Deshalb sollte man in entscheidenden Situationen nur „Gehirn-Stimuli" zu sich nehmen, deren Wirkung man bereits über längere Zeit getestet hat.

Hat Hanf ein Image-Problem?

Anfang 1996 wurde das deutsche Recht dem europäischen angeglichen und das in Deutschland seit 1982 bestehende Anbauverbot für Hanf aufgehoben. Dies geschah auf massives Drängen der deutschen Landwirte und Genossenschaften, denn immerhin fördert die Europäische Union seit 1989 den Anbau und damit die Wiedereingliederung von „Cannabis sativa" in die Reihe der landwirtschaftlichen Nutzpflanzen mit einer Beihilfe von DM 1500 pro Hektar. Seitdem gibt es Lebensmittel wie Bier, Fruchtschnitten, Mus, Speiseöl und vieles andere mehr aus dem jahrelang geächteten Pflänzchen zu kaufen. Stoff genug, um verängstigte Konsumenten das Fürchten vor einem angegessenen Cannabis-Rausch zu lehren, trotzdem zu wenig Stoff, um einen Kiffer glücklich zu machen, denn es dürfen nur Hanfsorten angebaut werden, die weniger als 0,3 Prozent des beglückenden THC (Tetrahydrocannabinol) enthalten. Man müßte sich schon etwa einen Sack voll davon reinziehen, um in andere Bewußtseinsumstände abzudriften. „Berauschender Stoff" wächst mit bis zu 15 Prozent THC auf.

Manchem Landwirt dürfte das ehemalige Hanfanbauverbot wie ein schlechter Scherz vorgekommen sein, denn bevor die Hanfpflanze als „Drogenkraut" ins gesellschaftliche Abseits gestellt wurde, war eine menschliche Kultur ohne Hanfkraut unvorstellbar.

Archäologen, Anthropologen und Historiker belegen, daß Hanf seit 12 000 Jahren angebaut und vom 1. Jahrhundert v. Christus bis in die zweite Hälfte des vergangenen Jahrhunderts die am häufigsten verwendete Nutzpflanze überhaupt war. Die Gutenberg-Bibel (15. Jahrhundert) wurde auf Hanfpapier gedruckt, die erste Levi's Jeans wurde aus Hanfleinen gefertigt (1870), und Henry Ford stellte 1941 sein „Hanfmobil" vor, ein Auto, dessen Karosserie aus Hanfkunststoff bestand und das mit Hanfdiesel betankt wurde. Ohne Hanföl als Brennstoff für die Lampen wär's in den heimischen Stuben früher zappenduster geblieben, und in den Triebwerken von Flugzeugen wäre ohne das Schmiermittel Hanföl nichts gelaufen. Hanfextrakte waren neben Opium für unsere Altvorderen das Schmerzmittel Nummer eins, bevor Aspirin auf den Markt kam. Zwischen 1840 und 1890 gehörten Haschisch und Marihuana zu den am häufigsten verschriebenen Arzneimitteln, sie waren das Allheilmittel schlechthin. Queen Victoria (1837–1901) nahm Cannabisharz gegen Menstruationsbeschwerden, und Otto Normalverbraucher nahm es gegen alles, brachte mit der Tinktur sogar Hühneraugen und Warzen zum Verschwinden. In Zedlers Universal-Lexikon aller Wissenschaften und Künste, erschienen Anno 1735, ist es nachzulesen: „Unsere Weiber pflegen insgemein das Hanffwerck auf die entzündeten Glieder und Kopf zu binden. Hanffsamen gekocht und hernach zwischen zwei Steinen zerstoßen und so warm als zu leiden ist, aufgeleget, ziehet alle Spreiß und Schiefer aus den Wunden und widerstehet auch dem kalten Brand. Wenn man mit dem Kraute die Pferde wohl reibet und streichet, so stechen sie im Sommer die Fliegen, Mücken und Bremsen nicht.

Der Saame eröffnet die verstopfte Leber, zerstoßen in Wein eingenommen.

Eine Emulsion oder Milch aus dem Saamen mit Hollunder oder Eis-Gerhard-Wasser gemachet und mit Tüchlein über die Stirn und Schläfe gebunden, stillet das Hauptweh, so von Hitze kommet und befördert den Schlaf und vertreibet auch die Pocken- und Wasserflecken."

Die wirtschaftliche Wertigkeit war früher so hoch, daß in Virginia zwischen 1763 und 1767 ein Marihuana-Gesetz erlassen wurde, das Farmern, die keinen Hanf anbauten, mit Gefängnisstrafen drohte. Auch Heinrich VIII. von England machte den Hanfanbau zur Pflicht für seine Untertanen, damit der Rohstoff-Nachschub für die Ausrüstung seiner Truppen und seiner Flotte (Schiffsegel, Taue und Kleidung) immer gesichert war.

Im Hinblick auf die zunehmende Rohstoffverknappung ist man weltweit auf der Suche nach ertragreichen, robusten und schnell nachwachsenden Nutzpflanzen, was zwangsläufig zur „Wiederentdeckung" der ältesten Kulturpflanze der Menschheit, des Hanfs, führen mußte. Hanf gedeiht auf fast allen Standorten, bringt hohe Ernteerträge, bietet sich als Vor- und Zwischenfrucht an, ist robust und wird kaum von Schädlingen befallen, womit sich der Einsatz von Pestiziden nahezu erübrigt.

Bahn und Teller frei also für Lebensmittel und anderem aus „Cannabis sativa"? Bis dahin gibt es noch einige bürokratische Hürden zu überwinden: Das Bundesinstitut für gesundheitlichen Verbraucherschutz und Veterinärmedizin (BgVV) gibt sich in einer Pressemitteilung vorsichtig: „Unabhängig von der wissenschaftlichen Bewertung müßte zunächst auf europäischer Ebene geklärt werden, ob der Einsatz von Hanf in Lebensmitteln überhaupt akzeptiert werden soll, oder mit welchen Einschränkungen. Das United National Narcotics Control Board hatte dahingehende Bedenken geäußert, daß der Einsatz von Hanf in Lebensmitteln die Bereitschaft zum Konsum illegaler Hanfprodukte erhöhen und den Maßnahmen zur Einschränkung des Drogenmißbrauchs entgegenwirken könnte. Soweit Hanf auch in Zukunft in Lebensmitteln eingesetzt wird, hält das BgVV die Festsetzung von THC-Höchstmengen für erforderlich, sobald die analytische Datenlage dies erlaubt."

Einem Außerirdischen muß die von deutschen Erdenbürgern geäußerte Angst vor dem Haschisch im Salatdressing und anderen Lebensmitteln hysterisch vorkommen, angesichts der Tatsache, daß noch niemand an Cannabis, wohl aber allein in Deutschland jährlich schätzungsweise 40 000 Menschen an den Folgen ihres Alkoholkonsums sterben, von den Nikotinsüchtigen ganz zu schweigen.

Was steckt hinter den E-Nummern?

E 101 a, E 242, E 405 – kein Durchblick unter diesen Nummern? Sie stehen ganz klein als Chiffre für alle Arten von Lebensmittelzusatzstoffen auf dem Verpackungs-Etikett von Bismarckheringen, Suppenpulver, Eiscreme, kurzum: auf allem Eßbaren, das irgendwie bearbeitet, verarbeitet und haltbar gemacht wurde, bevor es in die Regale der Lebensmittelgeschäfte gelangte. Im Klartext stehen hinter den Ziffern chemische Bezeichnungen, beispielsweise E 101 a für den Farbstoff Riboflavin-5-phosphat, verarbeitet in Cremespeisen, Mayonnaisen, Teigwaren und Suppen, oder E 476 für den Emulgator Polyglycerin-Polyricinoleat, verwendet in harten Fetten und Schokoladen. Das E steht für E(U) und bedeutet, daß die Kennzeichnung mit E-Nummern in allen Mitgliedsländern der Europäischen Union einheitlich gehandhabt wird. Bis man sich in dieser Angelegenheit auf einen gemeinsamen Nenner einigen konnte, jonglierten die zuständigen Herren in Brüssel über 30 Jahre lang mit Ziffern und Paragraphen!

Kritiker dieser grenzüberschreitenden Harmonisierungs-Kampagne hätten da gerne noch ein paar Jahre der Besinnung drangehängt, weil ihnen die Richtlinien vor allem für Farbstoffe und Süßungsmittel zu lasch erscheinen. In den letzten Jahren sind dank EU-Geklüngel Süßstoffe, Zuckeraustauschstoffe und Farbstoffe auf den deutschen Markt gekommen, die bei uns vorher entweder überhaupt nicht oder nur in niedrigeren Konzentrationen zugelassen waren. Zudem wird die Verschlüsselung auch nicht unbedingt als vertrauensfördernde und verbraucherfreundliche Maßnahme gesehen. Wer beispielsweise als Allergiker beim Einkauf auf Nummer Sicher gehen will, daß ihm keine Nummer den Atem raubt, bleibt nichts anderes übrig, als sich mit einer „Entschlüsselungsliste“ (gibt's bei den Verbraucher-Zentralen und im Buchhandel) über das Eingekaufte herzumachen. Interessanterweise gibt es laut Gesetz nur noch 26 Lebensmittel, die garantiert ohne Zusatzstoffe sein müssen; dazu gehören einige Milchprodukte, wie saure Sahne und Quark, oder frische Pilze, Honig und Mineralwasser. Demgegenüber stehen 296 erlaubte Zusätze, die unter E-Nummern aufgeführt sind und unserer Nahrung zugesetzt werden dürfen. Im einzelnen handelt es sich dabei um Farbstoffe, Farbstabilisatoren, chemische und andere Konservierungsstoffe, Säuerungsmittel und Säureregulatoren, Emulgatoren, Dickungs- und Geliermittel, Antioxidantien, Feuchthaltemittel, Backtriebmittel, Überzugmittel, Rieselhilfsmittel, Geschmacksverstärker und so weiter und so fort. Wem der Gedanke an soviel Chemie auf den Magen schlägt und wer daraufhin – siehe oben – die chemische Durchseuchung unserer Eßkultur anprangert, sollte erstmal bei sich selbst zu Hause reinen Tisch machen. Nicht zuletzt erfüllt die Ernährungsindustrie nur die Wünsche ihrer Kunden. Wer naturbelassenes Fleisch vom Biometzger links liegen läßt, weil ihm die gräuliche Farbe mißfällt, braucht sich nicht zu wundern, daß ihm mit Salpeter (E 252) behandeltes Fleisch verkauft wird, dessen blutroter Färbung selbst Anbraten und längere Lagerzeiten nichts anhaben können. Wem es zuviel Aufwand ist, seinen Salat mit Essig und Öl zu beträufeln oder die Nudelsauce mit frischen Zutaten anzurühren, dem werden eben mit Guarkernmehl (E 412), Carrageen (E 407) und Xanthan (E 415) versetzte Fertigsaucen schmackhaft gemacht. Wem der Apfel, so wie die Natur ihn schuf, nicht attraktiv genug ist, hat selbst Schuld, wenn er sich von einem mit E 904 überzogenen, hochglanzpolierten Exemplar zum Reinbeißen verführen läßt: Hinter E 904 verbirgt sich Schellack, ein Ausscheidungsprodukt der Lackschildlaus.

Macht abends essen dick?

Wer sich in die Liga der Abspeckwilligen einreiht, kennt ihn bereits oder wird ihn früher oder später zu hören bekommen, den guten Ratschlag mit dem dicken Ausrufezeichen: Iß abends nichts mehr, das macht dick!

Die Studie (veröffentlicht im „International Journal of Obesity") einer amerikanischen Forschergruppe belegt, daß dem nicht so sein muß: 2580 Männer und 4567 Frauen im Alter zwischen 25 und 74 Jahren lieferten über einen Zeitraum von zehn Jahren anhand von Ernährungsprotokollen Daten, die allen Spätessern das schlechte Gewissen nehmen werden. Die Probanden nahmen 46 Prozent ihrer täglichen Kalorienzufuhr nach 17 Uhr auf, ohne sich dabei ein Zuviel an Gewicht anzufuttern.

So völlig mögen die Wissenschaftler ihre Forschungsergebnisse jedoch noch nicht als Freibrief zur allnächtlichen Völlerei sehen – ein bißchen genauer soll die Sache dann doch noch untersucht werden.

Nichts zu deuteln gibt es allerdings an einem andern Faktor, den Abspeckwillige in ihre Kalorienrechnung mit einbeziehen sollten: Kalorie ist nicht gleich Kalorie – egal zu welcher Uhrzeit man sie schluckt. Mit anderen Worten: Fett macht fetter als Kohlenhydrate oder Eiweiß, weil der menschliche Stoffwechsel die einzelnen Nährstoffe mit unterschiedlichem Energieaufwand verarbeitet. Um die komplexen Kohlenhydrate aus Nudeln, Vollkornbrot oder Reis in Körperfett umzuwandeln, verbraucht er selbst wieder Kalorien, während die Fettsäuren aus bestimmten Fetten ohne großen „Kraftaufwand" bei der Umsetzung recht schnell die Taille aufgehen lassen. Mit anderen Worten: Nicht Kartoffeln und Nudeln machen dick, sondern die fetten Soßen.

Verlockende Früchtchen

Alle Pflanzen sind eßbar.
Manche nur einmal.

Rüdiger Nehberg

Machen Bananen glücklich?

„Nomen est omen“ – nach einer Sage aus Ceylon wurde Eva im Paradies von der Schlange nicht mit einem Apfel, sondern mit einer „musa paradisiaca“, zu deutsch Obstbanane, verführt. Jenseits von Eden und reduziert auf ihre Inhaltsstoffe verdankt der gelbe Finger (arab. banan = Finger) seinen Ruf als Glücksbringer aller Wahrscheinlichkeit nach einem chemischen Botenstoff namens Serotonin. Früher machte man Serotonin verantwortlich für Bluthochdruck und diverse Geisteskrankheiten, heute bringen die Wissenschaftler u. a. LSD, Schlaf, Depression und Freßsucht mit ihm in Verbindung: LSD, das bereits in winzigen Mengen Halluzinationen auslöst, hat eine ähnliche Molekülstruktur wie Serotonin; bei Menschen, die unter Winterdepression und Schlafmangel leiden, wurde ein Mangel an Serotonin festgestellt – gab man menschlichen Versuchskaninchen abends Tryptophan (Eiweißbaustein und Vorstufe von Serotonin), so wurden sie von ihrem Leiden befreit. Mit von der Partie ist dabei ein weiterer Wirkstoff namens Melatonin, der als Jetlag-Killer und Jungbrunnen Karriere gemacht hat. Das Hormon wird in der Zirbeldrüse aus Serotonin gebildet, wirkt sich auf die Hautpigmentierung aus, beeinflußt die Aktivität der Eierstöcke und hat anscheinend mit dem Schlaf-Wach-Rhythmus zu tun. Weiterhin geht man davon aus, daß Serotoninmangel das Verlangen nach kohlenhydratreichen Lebensmitteln, vor allem nach Süßem, steigert, das heißt, eine kohlenhydratreiche (aber eiweißarme) Kost, wie zum Beispiel Nudeln oder Schokoladentorte, kann durchaus ein Wohlfühlgefühl bewirken, weil sie den Serotoninspiegel im Gehirn erhöht.

Nur auf das Serotonin bezogen, müßten Walnüsse zehnmal glücklicher machen als Bananen, weil ihr Serotoningehalt entsprechend höher ist, aber auch Ananas und Tomaten sind nicht ohne. Joghurt-, Münsterkäse- oder Thunfischesser hätten allerdings den wirklich effektiven Glücksstoff auf dem Teller – diese Nahrungsmittel enthalten die bereits erwähnte Vorstufe von Serotonin, Tryptophan.

So viel zur biochemischen Bananenglückstheorie. Aber vielleicht sind es gar nicht die Inhaltsstoffe, die uns so gerne zur Banane greifen lassen, es kann ja auch die Verpackung sein, die Farbe, die Form oder unsere genetische Affinität zum Affen.

Darf man auf Kirschen Wasser trinken?

Großmutters Mahnung: „Trink kein Wasser, wenn du Kirschen gegessen hast!“ klingt uns heute noch im Ohr. Ausschlaggebend für die prognostizierten Bauschmerzen scheint aber mehr die Menge der Kirschen und weniger das Wassertrinken zu sein.

Dr. Antal Bognár von der Bundesforschungsanstalt für Ernährung meint dazu (Quelle DGE-info ’96):

„Nach dem schnellen Verzehr von größeren Mengen an Steinobst (0,5–1 kg Kirschen) kann auch ohne Wassertrinken eine Blähung auftreten. Die mögliche Erklärung dafür ist u. a. eine meist hohe Belastung der Steinobstschale mit Hefekeimen, die eine Gärung von Zucker im Magen verursachen könnten. Wahrscheinlich reicht die Konzentration der Magensäure nicht aus, um die Gärtätigkeit der Mikroorganismen wirkungsvoll zu unterbinden. Durch das zusätzlich getrunkene Wasser wird die Konzentration der Magensäure weiter herabgesetzt und damit die Schutzwirkung der Magensäure gegen Mikroorganismenwachstum gemindert.“

Was hat es mit gewachsten Äpfeln auf sich?

Das Verführerische am Apfel hat Adam und Eva respektive der gesamten Menschheit die paradiesischen Lebensumstände gekostet – selbst einer überzeugend vorgetragenen Strafandrohung von ganz oben zum Trotz konnten sie dem knackigen, rotbackigen Teil nicht widerstehen. Und das, obwohl es sich bei dem Objekt ihrer vorsintflutlichen Begierde um eine – im Vergleich zu den heutigen Züchtungen – wenig attraktive, kleine Wildform, eine mickrige Strauchfrucht mit einem geschätzten Durchmesser von 53 bis 40 mm gehandelt haben dürfte.

Paradiesische Zustände wünschen sich auch die Plantagenbesitzer und Obsthändler für ihre Waren: Ohne groß zu überlegen sollen die Kunden zu den verlockenden Früchten greifen und sie in den Einkaufswagen legen. Deshalb werden besonders schöne Exemplare gezüchtet, auf Hochglanz poliert und verführerisch dekoriert? Fast genauso ist es. Was uns an der Obsttheke entgegenglänzt, makellos und formvollendet wie ein Kunstprodukt, sind Spitzenerzeugnisse nach der EU-Qualitätsnorm, Äpfel der Güteklasse I A „extra“, einheitlich in Größe, Form, Farbe und Reifegrad. Nicht poliert, sondern umhüllt von einem Wachs- bzw. Harzmäntelchen, und alle importiert, denn in deutschen Landen ist die sogenannte Nacherntebehandlung verboten; der Import aus EU-Ländern ist seit 1991 jedoch erlaubt, wenn die Früchte entsprechend deklariert sind. Wer seinen Augen (so schön kann doch kein Apfel sein) oder dem Händler und seiner Auszeichnungspflichttreue nicht traut, kann zum Messer greifen – wenn man mit einer scharfen Klinge über die Apfeloberfläche streicht, bilden sich bei gewachsten Früchten kleine Schuppen.

Mit nachbehandeltem Obst wollen die Händler zwei Fliegen mit einer Klappe schlagen: Zum einen sollen die Hochglanzprodukte durch ihr blendendes Aussehen zum Kauf verführen; zum anderen verhindern die Überzüge Aromaverluste und ein vorzeitiges Schrumpfen der Früchte. Äpfel bestehen bis zu 85 Prozent aus Wasser, das bei längerer Lagerzeit Milliliter für Milliliter verdunstet und den Apfel runzelig werden läßt. Um dem Verschrumpeln entgegenzuwirken und selbst hochbetagten Exemplaren das pflückfrische, pausbäckige Aussehen zu wahren, werden Äpfel (und Birnen) besprüht mit:

1) *Bienenwachs,* allerdings nicht im Rohzustand, wie es die fleißigen Tierchen zum Wabenbau verwenden, sondern gebleicht durch Wasserstoffperoxid, Chromsäuren oder Bleicherden.
2) *Benzoeharz,* das aus der Rinde der Benzoe- oder Styraxbäume in Südostasien gewonnen wird und sehr angenehm nach Vanille duftet. Bekannt ist das Harz auch als javanischer Weihrauch – in den Herkunftsländern wird es zur Geisterbeschwörung benutzt.
3) *Mastix,* dem Harz der Mastix-Pistazie, die in den Mittelmeerländern kultiviert wird. Gewonnen wird der gelbliche Saft durch Einschnitte in die Baumrinde.
4) *Schellack:* einem Ausscheidungsprodukt der Lackschildlaus. Wenn die Lackschildlausweibchen von bestimmten Bäumen und Sträuchern, wie Akazien oder Feigenbäumen, Rinden anstechen, um sich deren Säfte einzuverleiben, verwandeln sich die weiter austretenden, nicht aufgesaugten Säfte in eine harzige, dicke Kruste, die als Trennmittel und Überzug in der Lebensmittelindustrie häufig verwendet wird.

Verbraucherschützer raten bei gewachsten Äpfeln zur Vorsicht: Zum einen kann der Schein das gewachste Apfeldasein bestimmen: Frei nach dem Motto außen hui, innen pfui kann sich bei überalterten Exemplaren unter der schönen Schale ein verschimmeltes Kerngehäuse, mehliges oder braunes Fruchtfleisch verbergen; zum anderen kann das Überzugsmittel, allen voran das Benzoeharz, bei empfindlichen Apfelessern allergische Reaktionen auslösen. Für alle Fälle gilt: gewachste Äpfel vor dem Reinbeißen gründlich unter fließend warmem Wasser abspülen und abbürsten – der Überzug ist wasserlöslich und wird dadurch zum Teil entfernt.

Stimmt es, daß beim Apfel die Vitamine direkt unter der Haut sitzen?

Stimmt. In und unter der Apfelhaut (Apfelepidermis) sitzt – im Vergleich zum Fruchtfleisch – die 3,6fache Menge an Vitamin C. Aber auch Pektine und andere Ballaststoffe haben sich dort gedrängt angesiedelt. Trotzdem – als Vitaminbombe geht der Apfel nicht durch. Mit durchschnittlich 12 mg Vitamin C und 0,008 mg Vitamin A pro 100 g läuft ihm diesbezüglich jede Südfrucht den Rang ab. Dafür aber wirkt der Apfel verdauungsfördernd, reguliert durch seinen Kaliumgehalt den Wasserhaushalt des Körpers, und seine Pektine hemmen krankmachende Keime im Dickdarm; diskutiert wird auch ein cholesterinsenkender Effekt von Pektinen. Demnach hat das englische Sprichwort „An apple a day keeps the doctor away" doch so eine gewisse Berechtigung.

Aus Feld und Garten

Was das Gemüse angeht, so finde ich Kürbisse, Gurken, Kohlwurz und Melonen unzulässig, aber Kohl ganz besonders. Er erzeugt unruhige Träume und läßt schwarze Dünste ins Hirn aufsteigen.

Robert Burton
(Die Anatomie der Melancholie)

Sind grüne Tomaten und grünfleckige Kartoffeln giftig?

Kartoffeln und Tomaten, beides Nachtschattengewächse, produzieren aufgrund ihrer botanischen Verwandtschaft auch das gleiche Gift: Solanin. Es kommt in den grünen, unreifen Pflanzenteilen vor und ist für den Menschen alles andere als harmlos. Das brachten unsere Vorfahren bereits vor einigen hundert Jahren in Erfahrung. Als sie sich über die exotischen Mitbringsel der spanischen Konquisitadoren hermachten, die Samenfrüchte der Kartoffeln kauten und sich den Bauch mit grünem, gedünstetem Tomatengemüse vollschlugen, kippten sie gleich reihenweise aus ihren Pantinen. Verärgert verbannten sie das neumodische Teufelszeug der Heiden aus ihren Küchen, und von den Kanzeln wurde verkündet, der Verzehr führe zu Lepra, Gicht, Bleichsucht, Sünde und Schwachsinn.

Zwischen damals und heute liegen kulinarische Welten, die Abneigung gegen das fremdartige Gemüse hat sich ins Gegenteil verkehrt, das Solanin und damit die Gefahr einer Vergiftung ist geblieben. Zwar wird keiner mehr auf die Idee kommen, Kartoffel- und Tomatenkraut zu servieren, und der Solaningehalt gekochter Kartoffeln und reifer Tomaten ist gesundheitlich völlig unbedenklich, aber Vorsicht ist angesagt, wenn Kartoffeln falsch gelagert und falsch verarbeitet werden oder wenn man auf den Geschmack süß-sauer eingelegter grüner Tomaten gekommen ist.

„Eine Solaninvergiftung äußert sich etwa 4–6 Stunden nach dem Verzehr des Lebensmittels durch Kopfschmerzen und Kratzen im Hals. Im weiteren Verlauf treten Brechreiz und Durchfälle auf, die mehrere Tage anhalten können. Auch klagen Betroffene über Sehstörungen, Platzangst und innere Unruhe. Es können auch Blutungen im Magen-Darm-Bereich und in der Netzhaut des Auges auftreten." (DGE) So weit muß es nicht kommen, wenn man weiß, was es mit dem Gift auf sich hat. Grundsätzlich gilt: Alles, was an Kartoffeln und Tomaten grün ist, ist mit Vorsicht zu genießen. Bei der Kartoffel bildet sich Solanin nicht nur, solange die Knolle noch am Strauch hängt, sondern auch, wenn die (geernteten) Knollen über längere Zeit dem Licht ausgesetzt werden. Die chemische Wandlung erkennt man an dem leicht grün verfärbten Zustand der Kartoffeloberfläche. Dasselbe in Braun passiert, wenn geschälte Kartoffeln längere Zeit liegen bleiben. Verantwortlich dafür ist der Selbstverteidigungsautomatismus der Pflanzen, der einen sinnvollen biologischen Grund hat: Weil nur reife Samen auf Dauer das Überleben garantieren, muß sich die Pflanze mit ungenießbaren Abwehrstoffen gegen vorzeitiges Gefressenwerden schützen. Auf dem Acker bildet sie das Gift zum Schutz gegen Fraßfeinde wie Insekten, Ratten oder Wildschweine, bei falscher Lagerung als Schutz gegen Fäulniserreger. „Verletzte" Stellen an der Knolle, „Augen" und Keime enthalten das meiste Solanin. Beim Kochen geht das Gift teilweise ins Kochwasser über, ohne daß es zerstört wird. Auch beim Backen löst es sich nicht in Wohlgeschmack auf. Wichtig ist es deshalb, Vorsorge zu treffen: Kartoffeln dunkel, kühl und nicht zu lange lagern, kleinere grüne und „verletzte" Stellen sowie „Augen" großzügig aus- und abschneiden (Solanin bildet sich direkt unter der Schale). Ist die Knolle gänzlich grün verfärbt oder weist sie großflächige grüne Stellen auf, muß sie weggeworfen werden.

Auch grüne Tomaten haben das Gift in sich – und zwar in beträchtlicher Menge. In unreifen Früchten wurden 9–32 mg Solanin pro 100 g gemessen, die für den erwachsenen Menschen giftige Konzentration liegt bei 25 mg, 400 mg wirken tödlich. Zucker führt zu einer Verdünnung, deshalb werden in Konfitüren aus grünen Tomaten um ein Drittel niedrigere Werte gemessen. Die Deutsche Gesellschaft für Ernährung (DGE) gibt Entwarnung für den pikanten Brotaufstrich, weil in der Regel nur kleine Portionen gegessen werden. Vom Verzehr größerer Mengen süß-sauer eingelegter grüner Tomaten rät sie jedoch ab. Weil Solanin hitze- und säurebeständig ist, tauchen bei den eingelegten Früchten 90 Prozent des Ausgangswertes wieder auf.

Gibt jedes Böhnchen ein Tönchen?

Und ob! Unsere harmlose Gartenbohne hat es dicke in sich, das Zeug, das heftige Darmwinde aufkommen läßt: Ballaststoffe. Sie halten die Pflanzen in Form oder dienen als deren Füll- oder Schutzmasse – wobei Obst recht wenig und Hülsenfrüchte, allen voran die weiße Bohne, recht viel von den „Verdauungshilfen" hergibt. In Zahlen: Weintrauben enthalten 1,6 g pro 100 g, getrocknete weiße Bohnen 17 g Ballaststoffe pro 100 g. Für den Magen-Darm-Trakt sind das unverdauliche Kohlenhydrate, die den Dünndarm zwar als Transporthilfe, aber mehr oder weniger unbeschadet passieren, bis sich zu guter Letzt im Dickdarm die Dickdarmbakterien über sie hermachen. Und weil Ballaststoffe nicht gleich Ballaststoffe sind, sondern je nach Pflanzenart in unterschiedlicher Zusammensetzung vorkommen, reagieren auch die Bakterien mit jedem Ballaststoffangebot anders und mit dem der Bohnen ganz besonders heftig. Dabei produzieren sie in erster Linie Kohlendioxid, Wasserstoff und das feuergefährliche Methan, alle ziemlich geruchlos, dafür aber im explosiven Bereich. Die charakteristischen Duftnoten bei der Vergärung entstehen durch eine Beimengung von Fettsäuren wie beispielsweise Buttersäure, die auch in Stinkbomben zum Einsatz kommt. Drei bis vier Stunden nach einem Bohnengericht macht sich die bakterielle Abbauarbeit als Aufruhr im Gedärm oder als Trommelbauch bemerkbar – gemessen hat man bis zu 172 ml Gärungsgase (das entspricht etwa dem Inhalt einer Kaffeetasse), die sich während einer Stunde den Weg nach draußen (an die frische Luft) suchen. Zum Vergleich: Nichtblähende Kost produziert etwa 18 ml Gase pro Stunde. Zum guten Ton in besserer Gesellschaft gehörte es schon immer, die Abgase so gut es ging unter Verschluß zu halten. Sogar bei den alten Römern, deren Tischsitten deutlich freizügiger waren als die unseren, war es verpönt, seinen Blähungen freien Lauf zu lassen. Allerdings soll Kaiser Claudius, wohl extrem betroffen, drauf und dran gewesen sein, die Erlaubnis zu lauten und leisen Entladungen bei Tisch per Rechtsdekret auszusprechen. Auch der oftzitierte Ausspruch Martin Luthers „Warum rülpset und furtzet ihr nit, hat es euch nit geschmecket?" der den meisten geläufiger ist als seine Reformen, war weniger als Aufforderung denn als Hinweis auf verlotterte Tischgebetssitten zu verstehen.

Wie auch immer man es halten mag – aus ärztlicher Sicht gilt das „Anhalten" als ungesund. Küchenprofis schwören auf Einweichen, Kümmel, Senf und frische Kräuter als „Flatulenzenhemmer" im Bohnengericht.

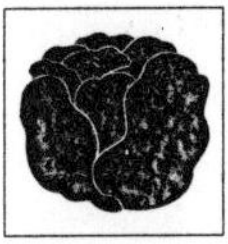

Was ist drin und dran am Salat?

Kann man sich ein Kopfsalatblatt genüßlich auf der Zunge zergehen lassen? Beißt man voller Erwartung auf ein geschmackssinnbetörendes Aroma in einem Büschelchen Feldsalat? Ist man neugierig darauf, welche Bitterstoffnuancen eine bestimmte Bodenbeschaffenheit im Chicoree ergibt oder ob der Wechsel des Standortes von da nach dort den Endiviensalat kräftiger im Blatt gemacht hat?

Nein, wer im Supermarkt zum Salatkopf greift oder gar ein Plastikfolienbeutelchen Mischsalat in den Einkaufswagen legt, ist nicht auf Gaumenkitzel aus, bestimmendes Motiv für die Salatwahl ist allenfalls ein schlechtes Gewissen. Der notorische Salatesser steht immer mit einem Bein auf der Waage. Attribute wie gesund, kalorienarm, frisch, knackig lösen bei ihm den Kaufreiz aus; was später schmeckt, könnte die Sauce sein oder der Glaube an die Allmacht der Vitamine. Ohne den Überzug aus Thousand-Islands- oder besser noch der Joghurt-Senf-Sauce schmeckt er, na ja, bitter halt, der Kopfsalat bestenfalls nach nichts. Das feine Nußaroma, das den Kopfsalat zur Delikatesse macht, kriegt höchstens der Gaumen des Hobbygärtners zu fassen. Wenn's hart kommt, zeichnet sich Treibhausware, wie Waverley Root so treffend beschreibt, durch „ein leises, aber ununterdrückbares Jauchearoma aus". Trotzdem, der Siegeszug des Salats durch die Speisekarten schreitet unaufhaltsam fort. Nur ganz hartgesottene Bratwurstbudengänger oder Steakhousestammkunden lassen Zeiten und Zustände fortleben, als es für den echten Kerl undenkbar war, eine Beilage zu essen, die nicht Fleisch war. Salat ist was für Hasen und für Weiber, lautet ihr Credo. Das machte einstens Sinn, als die Phantasie der Heilkundigen noch nicht durch biochemische Erkenntnisse gegängelt wurde – da wurde der milchige Saft des Salats mit Muttermilch assoziiert und stillenden Frauen aufgetischt. Das war mit ein Grund, weshalb die rohe Frischkost sich den Ruf eines Potenzkillers einhandelte. Salat war weibisch und Weibersache. Die Sumerer dichteten ihrer Großen Göttin Inanna, der Königin des Universums, der Quelle für das Blut der Erde, als Symbol der Fruchtbarkeit Schamhaare aus Salatblättern an. Der eingefleischte Vegetarier Pythagoras empfahl seinen Schülern einen Salat namens „Eunuch", damit sie während ihrer Studien nicht durch lästige Lustgefühle abgelenkt würden. Um welche Sorte es sich auch immer gehandelt haben mag – bei unserer Gemüsefrau oder in den „Frische-Shops" der Lebensmittelmultis wird sie nicht mehr zu finden sein. Das Geheimnis, wie Salat rund ums Jahr null geschmeckt und gewirkt haben könnte, läßt sich am ehesten Lactuca scariola, dem wilden Lattich entlocken. Er gilt als der Vater aller Salate. Eichblatt-, Lollo Rosso- oder Frisee-Salat – sie alle tragen seine Gene. Ihre legendäre Eigenschaft als Anaphrodisiakum wurde ihnen zusammen mit dem ausgeprägten Gehalt an Bitterstoffen längst weggezüchtet. Lactucin und Lactucopikrin heißen die Substanzen, die im Milchsaft des wilden Lattichs enthalten und für den bitteren Geschmack verantwortlich sind. Je bitterer, desto müde: Aufgrund ihrer beruhigenden Eigenschaften wurden aus den Wirkstoffen des Lattichsaftes früher Husten- und Schlafmittel hergestellt.

Heute macht Salat angeblich nicht mehr müde, sondern nur noch fit, deshalb ist er mehr „in“ als jemals zuvor. Man ißt ihn als Appetizer, als Zwischengang zum Neutralisieren oder als magenfüllenden Appetitzügler. Sein gesundes Image stellt die Salatindustrie vor ein echtes Problem. Wie schaffe ich es, das leicht verderbliche Gemüse haltbar für Transport, Lagerung und Präsentation zu machen? Was kann ich dagegen tun, daß der Salatkopf nach einem Tag Gemüsetheke schlaff die Flügel hängen läßt? Kopfsalat besteht zu 94,9 Prozent aus Wasser, Feldsalat zu 93,6 Prozent – gespeichert in den Blattzellen mit hauchdünnen Wänden. Nach der Ernte, in einer warmen Umgebung, verdunstet das Wasser, d. h. die Blattzellen verlieren an Spannung, das Blatt fällt in sich zusammen. Je zarter der Salat, um so feiner die Zellwände, um so schneller schlaff. Weil sich nichts schlechter verkaufen läßt als welker Salat, wurden zum einen Sorten mit dickeren Zellwänden gezüchtet und dem Verbraucher schmackhaft gemacht, wie etwa Eisbergsalat oder Römischer Salat, zum anderen ließen sich die Biotechniker einiges zur Konservierung und Präsentation einfallen. Ein kühles Plätzchen in einem dunklen Raum mit hoher Luftfeuchtigkeit ist die Grundbedingung für längere Lagerzeiten. In manchen Ländern wird Blattsalat mit Ascorbinsäure, Citronensäure, Calciumchlorid u. a. besprüht, um ihm taufrisches Aussehen zu verleihen. So läßt sich der Verfall über zwei Wochen verzögern. Eine andere Methode, Salatgemüse lagerfähig zu machen und verlokkend gebrauchsfertig an den Frischeköstler zu bringen, sind mundgerecht zurechtgerupfte „frischeversiegelte“ Blätter im Folienbeutel – für alle, die's eilig haben, Salat essen, weil's doch so gesund sein soll und auf das zeitraubende, lästige Salatputzen verzichten wollen. Das Schlechte daran: Kleingeschnippeltes ist sehr viel anfälliger für Mikroben als das intakte Ausgangsprodukt. Bei falscher Lagerung im Supermarkt und zu Hause, sprich bei Temperaturen über 6 Grad Celsius, vermehren sich die miteingepackten, „frischeversiegelten“ Keime im Eiltempo. Dafür verflüchtigt sich das licht-, luft- und wärmeempfindliche Vitamin C. Wer sich der Keime durch intensives, langes Waschen entledigen will, muß wissen, daß dabei auch ein Großteil der im Salat enthaltenen Mineralstoffe baden geht. Gründliches Waschen hat jedoch auch etwas Gutes: Ebenfalls in die Kanalisation gespült wird mit einer ausgiebigen Reinigungsdusche ein großer Teil des gefürchteten Nitrats. Um die Aufnahme in gesundheitsverträglichen Mengen zu halten, gibt's folgendes zu beachten: Der in Gewächshäusern gezogene Wintersalat ist sehr viel höher mit Nitrat belastet als Freilandware – je mehr Sonnenlicht Salat und Gemüse abbekommen, um so geringer ist der Nitratgehalt. Also: saisongerecht einkaufen. In den äußeren Blättern, in Stielen und Blattrippen ist am meisten Nitrat gespeichert – wer fürchtet, zuviel abzubekommen, sollte diese Teile entfernen und wegwerfen. Vitamin C und E wirken der Nitritbildung entgegen – es empfiehlt sich, Zitronensaft für die Salatsoße zu verwenden. Ansonsten sollte man sich bei der Salatzubereitung an das Sprichwort halten, daß die Herstellung eines klassischen Salats fünf Personen erfordere: „Einen Geduldigen, der die Kräuter verliest, einen Verschwender, der das Öl spendet, einen Geizigen, der den Essig zumißt, einen Weisen, der das Salz abwägt, und einen Narren, der alles gründlich durcheinandermengt". Wo ein Mitglied dieser Fünfeinigkeit aus der Rolle fällt, so steht es im Appetitlexikon, ist als sechster noch ein Hungerkranker vonnöten, der das Gericht verzehrt, denn nichts schmeckt trostloser als ein versalzener, nichts bekommt weniger gut als ein versauerter Salat.

Inhaltsstoffe des Kopfsalats pro 100 g (Quelle:Lebensmittel-Lexikon):

Wasser	94,9	g	Eisen	0,6	mg
Eiweiß	1,26	g	Phosphor	35	mg
Fett	0,18	g	Caroten	0,94	mg
Kohlenhydrate	1,2	g	Vitamin B_1	0,057	mg
Ballaststoffe	1,7	g	Vitamin B_2	0,087	mg
Mineralstoffe	0,82	g	Niacin	0,37	mg
Kalium	218	mg	Vitamin B_6	0,055	mg
Magnesium	9,7	mg	Vitamin C	10	mg
Calcium	23	mg			

Ist aufgewärmter Spinat giftig?

Der ach so gesunde Spinat, der dem Seemann Popeye zu prächtigen Muckis und mindestens einer Generation von Müttern und Kindern zu überbordendem Diskussionsstoff verholfen hat, ist mit Vorsicht zu genießen – sowohl im aufgewärmten Zustand und auch wenn er „pflückfrisch" in den Topf kommt, sofern er im Treibhaus oder auf stark stickstoffhaltigen Böden gezogen wurde. Verantwortlich für seinen

Karriereknick und sein neuerdings eher schlechtes Image ist seine Fähigkeit, besonders viel Nitrat zu speichern, bzw. die Düngepraxis der Landwirte. Wird zuviel künstlicher Stickstoffdünger, Gülle, Mist oder Kompost in den Boden gebracht, reichern die Pflanzen das an sich unschädliche Nitrat in Stengeln und Blättern an. Gefährlich wird die Stickstoffverbindung erst dann, wenn sie zu Nitrit umgewandelt wird. Das geschieht unter Einfluß von Bakterien, die ihre Arbeit voll entfalten können, wenn das Grünzeug

a) einen zu langen Weg vom Erzeuger zum Verbraucher hinter sich zu bringen hat, also schon recht betagt ist,
b) bei Zimmertemperatur zu lange gelagert wurde,
c) bereits gekocht warmgehalten wird,
d) wieder aufgewärmt wird, ohne nach dem ersten Kochen schnell abgekühlt und danach im Kühlschrank aufbewahrt worden zu sein.

Was ist die Antimatsch-Tomate?

Sie ist die wohl berühmteste Tomate der Welt, die erste der „genoptimierten“ Designer-Pflanzen, die auf den Markt und ins Gerede kam. Patentiert wurde sie unter dem Namen „Flavr-Savr“, was man am ehesten mit dem Begriff „Geschmacksretter“ übersetzen kann. Im Land der unbegrenzten Möglichkeiten, den USA, wird sie seit Juli 1994 an die Hausfrau und den Hausmann gebracht und auch gern genommen.

Die Bezeichnung „Antimatsch-Tomate“ wurde ihr von Volkes Stimme verliehen, weil aufgrund der durchgeführten Genmanipulation der Zerfall der Zellwände verzögert, genauer gesagt, die Bildung eines zellwandabbauenden Enzyms unterdrückt wird. Derart verändert kann die Tomate am Strauch ausreifen – im Fachjargon: die innere Fruchtqualität voll ausbauen – und verliert trotzdem nicht wenige Tage nach dem Pflücken die Eigenschaften, die ihr zur großen Beliebtheit auf deutschen Tellern verholfen hat: Leuchtend rot muß er sein, der Liebesapfel, rund, prall und schnittfest.

Die Antimatsch-Tomate wahrt diese Qualitäten, sprich Form und Fülle, 10 bis 14 Tage und länger über den Pflücktermin hinaus. Der schöne Schein kann jedoch den Verbraucher trügen. Während der verlängerten Lagerzeit bauen sich die Inhaltsstoffe, wie Mineralstoffe und

Vitamine, ab. Man sieht den roten Früchtchen nicht an, wie's innen drinnen aussieht.

„Erfinder" der transgenen „Schwellpflanze" (so die Übersetzung des aztekischen Namens „tomatl") sind der amerikanische Bio-Tech-Konzern „Calgene" in Zusammenarbeit mit dem Konserven- und Suppengiganten „Campbell", den der Popkünstler Andy Warhol mit seiner Suppendosen-Bildkreation über den amerikanischen Suppenteller hinaus bekannt gemacht hat.

Reis, Rohreis, Wildreis: geschält, glasiert, poliert oder parboiled – was ist was?

Ein „toyoda", zu deutsch ein „reiches Reisfeld", ist das ein und alles für einen asiatischen Bauern. Nicht minder glücklich ist er mit einem „honda", einem „Hauptreisfeld". Reis ist für ihn nicht nur eine Beilage, wie bei uns Kartoffeln oder Weizenmehlprodukte, sondern kultbehaftetes Hauptnahrungsmittel und viel mehr: Mit Reisstroh düngt er seine Felder und deckt das Hausdach ein; er bindet daraus Besen, flicht Körbe und Hüte und verwendet es als Einstreu für seine Wasserbüffel. In vielen asiatischen Sprachen ist der Begriff „essen" gleichlautend mit „Reis essen" – was durch Zahlen noch besser verdeutlicht wird: In Laos und Birma beispielsweise beträgt der Jahresverbrauch pro Kopf 180 kg. Im Vergleich dazu führt Reis in unseren Küchen eher ein Schattendasein. Der Durchschnittsbürger ißt gerade mal 5 kg pro Jahr. Für Reisfans unverständlich wenig; sie führen unsere verhaltene Begeisterung für das Grasgewächs auf mangelnde Information zurück. Schließlich gibt es von der Urfamilie der Reispflanze, mit botanischem Namen Oryza sativa, über 100 000 Abkömmlinge. Diese enorme Sortenvielfalt mag den Kochbeutelreis-Banausen überraschen, für Feinschmecker stellt sie eine echte Herausforderung dar: Ihrer Ansicht nach hat der Reis eine Behandlung wie edle Weine oder Tee verdient. Sie sprechen von „einzigartigen Delikatessen" und propagieren, den Reis nach Anbaugebieten und Lagen zu klassifizieren. So weit hat sich der Handel zwar noch nicht spezialisiert, aber das Sortiment in unseren Supermärkten ist über die Jahre größer geworden – wer auf Spezialitäten aus ist, wird in Asia-Läden fündig. Exportiert werden vor allem parboiled (dampfdruckbehandelte) Reis-Sorten aus den USA, Patna und Basmati aus Indien oder Pakistan und verschiedene Langkornreis-Sorten aus

Thailand. Von dort kommen auch Raritäten, wie roter, schwarzer oder Aplati, ungefärbter grüner Reis, der angenehm süßlich schmeckt. Carnarolio oder Arborio heißen die rötlich schimmernden Edelkörner, die südwestlich von Mailand angebaut werden – zwei von 60 in Italien registrierten Reissorten. Daß Reis nicht gleich Reis ist, weiß auch der Spanier – ihm kommt vorzugsweise „Arroz bomba" in seine Paellapfanne, eine von vielen Reispezialitäten, die im Ebrodelta wachsen.

Grundsätzlich unterscheidet der Handel zwischen Rund-, Mittel- und Langkornreis, von denen es jeweils unzählige Sorten gibt. Weiter differenziert wird nach der Qualität: Spitzenreis darf nur bis zu fünf Prozent „Bruch" enthalten, Standardreis maximal 15 Prozent, und Haushaltsreis enthält bis zu 40 Prozent gebrochene Körner – der Nährwert ist allerdings der gleiche wie beim ganzen Korn. Das heißt, für den ernährungsbewußten Verbraucher ist in erster Linie die vorangegangene Bearbeitungsmethode von Bedeutung: Wird der Reis nur entspelzt, also von seiner Hülse getrennt, ist er ernährungsphysiologisch am wertvollsten – das Silberhäutchen (gibt dem Reis seine charakteristische gelblich-braune, rote oder schwarze Farbe) und der Keimling (stark ölhaltig) enthalten den Löwenanteil an Mineralstoffen, Spurenelementen und Vitaminen (Magnesium, Calcium, Phosphor, Eisen, Kalium und Vitamine des B-Komplexes). Naturreis oder auch Braunreis, wie dieser lediglich gedroschene Reis genannt wird, hat nur einen kleinen Nachteil – er wird, bedingt durch den höheren Fettgehalt, schneller ranzig und muß deshalb innerhalb eines Jahres verbraucht werden. Um eine lange Lagerfähigkeit zu erreichen, werden die Reiskörner geschliffen und poliert. Dadurch entsteht die beliebte weiße Farbe, und dadurch verliert der Reis die meisten seiner wertvollen Inhaltsstoffe. Um das auszugleichen, wurde das Parboiling-Verfahren entwickelt: Dabei wird das noch in der Hülse steckende Korn eingeweicht, wobei sich aus Silberhäutchen und Keimling Vitamine und Mineralstoffe lösen, die dann unter hohem Druck ins Innere des Reiskorns gepreßt werden. Bis zu 80 Prozent der Vitalstoffe bleiben so dem Parboiled Reis erhalten. Er hat allerdings durch die hydrothermische Behandlung etwas an Geschmack eingebüßt. Trotzdem ist er sehr beliebt, weil er nicht klebt und immer locker-körnig bleibt. Das wiederum ist kein Argument für Sushi-Freunde. Die japanischen Leckerbissen kann man nur mit Klebreis in Form bringen.

Für alle, die sich partout nicht für die kleinen weißen Körnchen begeistern können, liefert die französische Psychoanalytikerin Gisèle

Harrus-Révidi das passende Argument auf malträtierter Seelenbasis: „Wer sich ausschließlich von Reis ernährt, bringt damit den unbewußten Wunsch zum Ausdruck, die väterlichen Keimzellen zu töten oder genauer auszuhungern, und dieses Verhalten, das einem Selbstmordversuch gleicht, ist oft nichts anderes als eine verzögerte oder verschobene Tötung des Vaters durch Vernichtung des eigenen Körpers."

Kleines Reisglossar

Die *Aleuronschicht* ist eine der drei Schichten des Silberhäutchens. Besteht aus Eiweißstoffen, Mineralstoffen und Vitaminen.

Vom *polierten Reis* wurde nach dem Abschleifen der Reisstaub entfernt. Trägt man darauf ein Glasiermittel (eine Mischung aus Glucose und Talkum) auf, nennt sich das *glasierter Reis* (coated rice). Wurde früher (vor 1975) zum Schutz gegen Schädlinge und Witterungseinflüsse hergestellt.

Braunreis ist entspelzter Reis mit Keim, Aleuronschicht und Silberhäutchen.

Reiskleie nennt man die abgeschliffenen Teile des Reises (Silberhäutchen und Keimling). Wird meist als Tierfutter verwendet.

Rohreis oder *Paddy* ist gedroschener Reis, der noch in den Hülsen (Spelzen) steckt.

Das *Silberhäutchen* verleiht dem Reiskorn die Farbe – es gibt braunen, gelben, roten und schwarzen Reis – und besteht aus drei Schichten: Frucht- und Samenschale sowie Aleuronschicht.

Sake oder *Reiswein* gilt als japanisches Nationalgetränk. Wird aus vergorener Reismaische hergestellt und meist warm bis heiß (45–60 °C) getrunken. Enthält in der Regel 16 % Alkohol.

Die Bezeichnung *Vollreis* bezieht sich nicht auf die Vollständigkeit der Inhaltsstoffe, sondern auf das optisch intakte Reiskorn, im Gegensatz zu *Bruchreis* – zerbrochene Reiskörner, die aufgrund der mechanischen Bearbeitung entstehen.

Vollkornreis ist gereinigter Braunreis.

Wachsreis oder *Klebreis* besteht aus mehligen Körnern, die im Vergleich zu den glasigen, harten Körnern zu einem hohen Prozentsatz eine Stärkeart enthält, die verkleistert.

Wildreis oder *Indianerreis* nennt sich der Samen des Wassergrases mit Namen Zizanie. Er ist nur im weitesten Sinne mit der herkömmlichen Reispflanze (Oryza sativa) verwandt und wird vorrangig angebaut im großen Seengebiet zwischen Kanada und USA. Sein angenehm nussiger Geschmack wird durch „Darren“ erzielt (Entzug der Feuchtigkeit in der Sonne oder durch Holzfeuer).

Heilkräuter, Wunderdrogen und tückische Pflänzchen

Das Geheimnis, wie man jung bleibt, ist langsam zu essen, anständig zu leben und in Bezug aufs Alter zu lügen.

Lucille Ball

Warum ißt der Mensch freiwillig brennend scharfe Chillies?

Wer zu Zeiten, als das Kausalitätsprinzip noch von Phantasie überlagert war, die „Feuerfrucht aß ohne mit der Wimper zu zukken", der war ein Mann, stark wie der Adlergott, der die Chilisamen zu den Menschen auf die Erde gebracht hat. Die Mutprobe ist geschätzte 9000 Jahre alt und wird manchmal heute noch praktiziert – meist in feuchtfröhlicher Runde, wobei als Ersatz für die Chilischote gerne auch ein, zwei Tropfen Tabasco auf die Zunge appliziert werden.

Solche Mannbarkeitsrituale erklären jedoch nicht, warum der Mensch auch bei klarem Verstand freiwillig Chillies ißt – und das immer wieder. Andere Vertreter der Gattung Allesfresser, wie Schwein, Ratte oder Küchenschabe, haben unter normalen Umständen spätestens nach einmal genug. So sollte es nach allen Regeln des gesunden Menschenverstandes auch sein, bedenkt man die Wirkung: Egal ob Chilischote pur oder ein Löffelchen cayennegepfeffertes Chili con carne – dem ungeübten Genießer wird das Höllenfeuer in der Mundhöhle die Tränen in die Augen schießen lassen und die Sprache verschlagen.

Rein physikalisch gesehen, trügt das Gefühl des Höllenfeuers im Mund nicht. Auf der Zunge läuft tatsächlich so etwas wie eine Verbrennung ab – der Stoff, der das Feuer entfacht und für die Schärfe im Paprika verantwortlich ist, nennt sich Capsaicin. Es erregt die Wärmerezeptoren, in Folge ist die Hauttemperatur erhöht. Aus diesem Grund hat man früher den Schifahrern geraten, sich die Füße mit Cayennepfeffer einzureiben, damit sie warm bleiben. Das berühmte Wärmepflaster, mit dem sich von Hexenschuß und Muskelschmerzen geplagte Zeitgenossen Schmerzlinderung verschaffen, enthält in seiner Klebeschicht als Hauptwirkstoff Capsicum-Extrakt, also Cayennepfeffer.

Wer täglich Chillies ißt, seine Tomatensoße mit reichlich Tabasco würzt und zur Fernsehstunde sein Knabberzeug in „Salsa Mexicana" tunkt, stumpft gegen den Schmerz ab. Lebender Beweis sind die Bewohner Lateinamerikas oder die Asiaten, die sich löffelweise „Sambal Oelek" in ihren Reis rühren, eine Gewürzmischung, von der ein Tröpfchen genügt, um einem Milchreis-Europäer den Atem zu rauben.

Wer Gefallen an dem scharfen Geschmack gefunden hat, ist möglicherweise „capsaicinsüchtig" geworden. Und genau da liegt der Hase im Cayennepfeffer: Capsaicin stimuliert die Produktion von Endorphin, einem körpereigenen Opiat, das Schmerzen dämpft, angenehme

Empfindungen auslöst und uns in die Glückseligkeit abdriften läßt. Das Schlechte daran ist die magenmordende Wirkung von Capsaicin: In großen Mengen zugeführt, greift es dem ungeübten Genießer die Schleimhäute in Mund, Magen und Zwölffingerdarm an.

Noch ein Tip für alle, die nicht „mutig wie der Adlergott“ sind und zur Schmerzlinderung auch nicht auf die Ausschüttung der Endorphine warten wollen: Im Gegensatz zur landläufigen Meinung taugt Wasser nicht als Balsam, es verteilt die Scharfmacher nur noch weiter im Mund, denn Capsaicin ist nicht wasserlöslich. Wesentlich effektiver ist es, Salz oder Zucker auf die „Wunde“ zu streuen.

Hat der Salbei seinen guten Ruf verdient?

Der sagenhaft gute Ruf des Salbeis ist tief im Mittelalter verwurzelt. Bei Albertus Magnus (13. Jahrhundert) ging er als „Ambrosia der Götter“ in die Kräutergeschichte ein, weil die Fabeln überlieferten, daß die Götter unsterblich wurden, als sie Salbei verzehrten. Der Wappenspruch der berühmten Medizinschule von Salerno (11.-13. Jahrhundert) fragt: „Warum sollte ein Mensch, der Salbei in seinem Garten angepflanzt hat, sterben?“ Schon die Römer nannten ihn „salvia salvatrix“, die rettende und heilende Pflanze, und für die Heilige Hildegard von Bingen, deren Kräuterbücher über alle Jahrhunderte hinweg zu den Beststellern gehörten, war das Scharlachkraut, wie Salbei auch genannt wird, das Allheilmittel schlechthin. Nicolas Lémery, Arzt und Hofapotheker des Sonnenkönigs Ludwig XIV., schreibt in seinem berühmten „Dictionnaire des drogues“: „Salbei heilt die Krankheiten des Kopfes, der Nerven und des Magens, auch die Hysterie. Er wirkt lösend und appetitanregend. Er hilft gegen Lähmungen und Lethargie. Wenn man Salbei kaut, kann man besser abhusten; und man träufelt den Saft auch in die Nasenlöcher. Als Tee ist er sehr beliebt, denn er verdünnt den Schleim und stärkt das Hirn.“ Das drückte vor 300 Jahren aus, was die Pharmazeuten heutzutage im Fachjargon so formulieren: Salbei officinalis (Gartensalbei) ist ein stimulierendes Spasmolyticum, Antidiarrhoicum mit deutlich östrogener Wirkung. Diese sachlich-nüchterne Darstellung nimmt dem blaublühenden „Strauch, der das Heil der Welt barg“, zwar sein Image als Wunderdroge, kostet ihn aber nicht seine Stellung als eines der wertvollsten heimischen Heilkräuter – Kräuterfans schwören nach wie vor auf ihn als Allheilmittel. Tatsächlich ist die Bandbreite seiner therapeutischen Möglichkeiten so groß, daß es sich lohnen könnte, ihm im Kräutergärtchen und in der Hausapotheke einen Platz einzuräumen.

Bei Erkältungen kann er seine bakterien- und entzündungshemmenden Eigenschaften unter Beweis stellen. Mundspülungen mit Salbeitee helfen schonender als chemische Keulen und ohne eine einzige Nebenwirkung gegen Halsentzündungen. Dreimal täglich spülen wird sogar von Zahnmedizinern als Mittel gegen Zahnfleischentzündungen empfohlen. Bis weit ins 19. Jahrhundert ersetzten seine rauhen und harten Blätter die Zahnbürste, im Volksmund wurde er deshalb auch „Zahnkraut" genannt. Salbeitee kann aber noch viel mehr. Er hilft gegen Magen- und Darmstörungen, z. B. bei Durchfall oder Erbrechen; er regt den Blutkreislauf an, unterstützt und reguliert die Funktion des Nervensystems, ist also allen streßgeplagten Menschen anstatt einer Beruhigungspille zu empfehlen, in verschiedenen Fällen sollen sogar nervöse Depressionen auf eine Teekur ansprechen.

Die unumstrittenste therapeutische Eigenschaft ist die Regulierung der Schweißsekretion. Unangenehmer nächtlicher Schweiß, wie er nach Infektionskrankheiten, in der Pubertätszeit oder im Klimakterium auftritt, wird gehemmt. Weiterhin zeigt Salbeitee Wirkung bei jeder Art von Menstruationsbeschwerden; die alten Ägypter ließen ihre Frauen sogar Salbeitee trinken, damit sie fruchtbar würden!

Ein frisches Salbeiblatt hemmt den Juckreiz bei Insektenstichen, und Salbeiabsud heilt kleine Wunden. Damit nicht genug. Der grüne Tausendsassa wird auch in der Küche verbraten. Wer beim Italiener öfter Fleischgerichte, z. B. Saltimbocca bestellt, mag und kennt seinen pikanten Geschmack. In deutschen Kochrezepten wird er als Gewürzkraut für gefüllte Gans, Hammel, Wild und für Würste oder zu gekochtem Aal und in Aalsuppe vorgeschlagen. Sein Kampferaroma ist allerdings bei uns – im Gegensatz zu den Mittelmeerländern – nicht jedermanns Sache. Manche behaupten sogar, er sei ordinär im Geschmack und passe eher zu einer rustikalen Grillparty als ins feine Restaurant. Wie auch immer – die Geschmäcker sind bekanntlich verschieden.

Muskatnuß als Droge?

Das braune Gewürzei aus den Tropen, das streng botanisch gesehen keine Nuß, sondern ein Fruchtkern ist, enthält ein ätherisches Öl, dessen Inhaltsstoffe Junkies und Ravern besser bekannt sein dürften als der Hausfrau. Was Kartoffelbrei und Spinat den letzten Pfiff gibt, bringt auch den Thrill in der Szene: Myristicin und Elemicin heißen die Giftstoffe, die in der Hauptsache verantwortlich sind für die halluzinogene Wirkung des Gewürzes. Aufzeichnungen über bewußtseinsverändernde Erfahrungen mit Muskatnuß pur gibt es seit alters. Hildegard von Bingen stellte fest: „Muskatnuß versetzt den Menschen in eine heitere Stimmungslage, schärft die Sinne, hilft innerlich genommen gegen Gemütsleiden." Lobelius berichtete 1576 über eine schwangere englische Lady, die ins Delirium fiel, nachdem sie zehn oder zwölf Muskatnüsse gegessen hatte. Keine Sorge – die Prise Muskat in der Kartoffelsuppe beamt niemanden in eine andere Bewußtseinsebene. Wie schon der Schweizer Arzt und Naturforscher Theophrast Bombast von Hohenheim, mit Künstlernamen Paracelsus, wußte, macht erst die Menge das Gift. Die Dosis, die bei Kindern tödlich wirken kann, ist allerdings schnell geschluckt: Bekannt ist der Fall eines achtjährigen Jungen, der versehentlich zwei Muskatnüsse schluckte und daran gestorben ist. Bei Erwachsenen können schwere Vergiftungserscheinungen nach der Einnahme von 15 Gramm geriebener Muskatnuß auftreten. Die Praxis hat gezeigt: Kein Grund zur Euphorie, was die euphorisierenden Inhaltsstoffe angeht – eine psychoaktive Wirkung zeigt sich erst zusammen mit lebensgefährlichen Begleiterscheinungen. Es kommt zu Blutdruckschwankungen und Herzrasen, zu Sehstörungen, Verlust der Konzentrationsfähigkeit und Entpersönlichung, starker Erregbarkeit, musikalischen und optischen Halluzinationen u. a. m. Darauf folgt ein tiefer Schlaf, der mehrere Stunden bis zu zwei Tagen andauern kann. Nach dem Erwachen zeigen sich wieder die anfangs beschriebenen Vergiftungssymptome – sie können zwei Wochen anhalten.

Wunderdroge Knoblauch?

Umgerechnet 7,5 Millionen DM soll Pharao Cheops für Knoblauch- und Zwiebelkost ausgegeben haben, um seine Sklaven für den Bau seiner monumentalen Pyramide bei Kräften zu halten. Römische Soldaten wurden mit den rohen Zehen abgefüttert, weil Knoblauch angeblich den Mut erhöhte. Aus den Tempeln und Klöstern wurde er verbannt, weil seine andernorts sehr geschätzte aphrodisische Wirkung bei den Mönchen unerwünschte Liebeslust entfachte. Der „Urvater" aller Mediziner, Hippokrates, verordnete Knoblauch bereits im fünften vorchristlichen Jahrhundert gegen Blähungen, Darmkrankheiten, Infektionen aller Art, Aussatz und Zahnschmerzen. Über eineinhalbtausend Jahre später verewigte die von Kräuterfans nach wie vor verehrte Hildegard von Bingen die „Wunderknolle" als Allheilmittel in ihrem Kräuterbüchlein.

Sein heftiger Beigeschmack hat seinem guten Ruf bis heute keinen Abbruch getan. 1989 wurde zum Jahr des Knoblauchs ausgerufen, um seiner Bedeutung gerecht zu werden, und die Wissenschaftler werden nicht müde, jährlich „neue Erkenntnisse" über seine therapeutischen Einsatzmöglichkeiten zu veröffentlichen. Eine „alte Erkenntnis" läßt sich jedoch durch keine neuen verdrängen – die Substanzen, die manchem den Atem verschlagen, sind auch für die gesundheitsfördernde Wirkung verantwortlich: schwefelhaltige Verbindungen, allen voran Alliin, das sich erst durch Verletzung der Zellmembranen, also durch Schneiden, Pressen, Zerkauen, in das geruchsintensive und bioaktive Allicin verwandelt. Es kommt in einer Konzentration von bis zu 4 Gramm pro Kilogramm frischen Knoblauch vor und ist einer seiner wirksamsten Stoffe.

Die Deutsche Gesellschaft für Ernährung (DGE) faßt die positiven Eigenschaften aller Inhaltsstoffe so zusammen: „Knoblauch kann dazu beitragen, die Fließeigenschaften des Blutes zu verbessern, den Blutdruck und den Blutfettgehalt zu senken und im Tierversuch das Wachstum von Tumoren zu hemmen. Ferner zeigt er antiarteriosklerotische und antimikrobielle Eigenschaften. Der Verzehr von Knoblauch allein kann Erkrankungen, z. B. arteriosklerotische Gefäßveränderungen, nicht vorbeugen oder sie heilen, jedoch kann er eine sinnvolle Ergänzung einer Ernährungstherapie oder einer Behandlung mit Medikamenten darstellen."

Der antimikrobielle Effekt nahm und nimmt in der Volksmedizin den breitesten Raum ein. Bevor hochwirksame Antibiotika hergestellt werden konnten, wurde Knoblauch bei Infektionskrankheiten eingesetzt. Besonders bei Erkrankungen im Magen-Darm-Bereich kann das Multitalent unter den Heilpflanzen den Gang zur Apotheke ersparen. Er hilft bei Verdauungsstörungen und Appetitlosikeit, bei Blähungen und bei Durchfall. Die mediterrane Küche sorgt dafür, daß es zu solchen Beschwerden gar nicht erst kommt. Sie verwendet ihn wahrscheinlich weniger aufgrund seiner Eigenschaften als Heilmittel, mehr wegen seines nachhaltigen Aromas – Fleisch, Gemüse und Salat kommen bei unseren Nachbarn im sonnigen Süden ohne ihn kaum auf den Tisch.

Wer auf seinen würzigen Geschmack und seine Heilkraft nicht verzichten will, aber mit der unweigerlich auftretenden „Fahne" so seine Probleme hat, kann mehr oder weniger wirksame Nachsorge treffen, um die „Duftwolke" abzuschwächen: Das Kauen von frischer Petersilie, Kaffeebohnen und Gewürznelken soll gegen allzu strenge Ausdünstungen helfen. Die Franzosen schwören auf Rotwein „danach" – Milch soll die gleiche Wirkung haben.

Aphrodisiaka aus dem Gewürzregal?

Die griechische Liebesgöttin Aphrodite hat den Pflanzen ihren Namen gegeben, die unser Blut in Wallung bringen und unsere Hormone auf die Achterbahn schicken (sollen): Aphrodisiaka. Zu allen Zeiten waren die Pflanzen der Liebe nicht nur für die Zeitgenossen ein Objekt der Begierde, bei denen wollen und können nicht harmonierten; auch völlig Lustlose sollten – in der Regel ungefragt – mit Hilfe pflanzlichen Triebstoffes auf Liebestouren gebracht werden. Seit es Menschen gibt, die ihrer Libido auf die Sprünge helfen wollen, wird der Kräuterbestand von Mutter Natur nach „Scharfmachern" und solchen Pflänzchen durchforscht, die angelernte Hemmungen zum Verrauschen bringen sollen. Vieles, was die ausschweifenden erotischen Phantasien unserer Vorfahren Wirklichkeit werden ließ, hat der Gesetzgeber heutzutage aus unseren Gärten und den Ladenregalen verbannt: Hanf beispielsweise oder den von den Indianern in Mexiko als heilig verehrten meskalinhaltigen Peyotekaktus. Das ist kein Grund, in Lustlosigkeit zu erstarren. Man muß nicht zu verbotenen Liebesdrogen greifen, um seine

Sinne zu betören – es genügt, sich in Feld, Wald und Wiese oder in der Küche genauer umzusehen. „Legale Liebesdrogen" finden sich im heimischen Kräuterbeet und in jedem Gewürzregal.

Basilikumkraut, das auf Tomaten mit Mozarella populär wurde, ist auch Hauptbestandteil von „Lover's Revitalizer" (Wiederbelebungstrank für Liebhaber). Das Liebeselixier wird nach einem alten irischen Rezept unter anderem mit Fenchel, Majoran und Lavendel wie jeder unschuldige Kamillentee aufgekocht. Die stimulierende Substanz, die verlorene Liebeskraft zurückbringen soll, ist das ätherische Öl des Krauts. „Wer seinen Feuergott im Bauch mit *Ingwer* ernährt", so lehrt es die indische Naturheilkunde, „wird ein lebendiges Sexualleben führen." Um das zu erreichen, muß man die frische Gelbwurzel, wie das Gewürz bei uns auch genannt wird, in Scheibchen geschnitten als Tee aufbrühen oder das Essen mit reichlich gemahlenem Ingwerpulver würzen. So wie es die heißblütigen Araber praktizieren – sie konsumieren etwa dreißigmal soviel Ingwer wie der Bundesbürger. Auch der unterkühlte Brite nimmt Ingwer gerne zum Aufwärmen oder Anheizen: Ingwerbier, Ingwerlimonade, Ingwermarmelade und Ingwersuppe werden nicht nur der Queen serviert. Wer sich lieber mit Süßem auf Liebestouren bringen will, kann zu Zartbitter-Schokolade greifen. Die *Kakaobohne* enthält neben dem anregenden Koffein auch einen chemischen Botenstoff, der im Gehirn Liebesgefühle auslösen soll. (Siehe das Kapitel „Macht Schokolade süchtig?") Die ätherischen Öle der *Kardamomsamen* bewirken dasselbe, sofern man genug davon in seinem Tee, Espresso oder in heißer Milch mit Honig verrührt. Ab einem Löffel pro Tasse könnte sich die gewünschte Wirkung einstellen – bei den Osmanen im ehemaligen Türkischen Reich soll das gedopte Getränk die Manneskraft nachhaltig gefördert haben. „Wer Herzeweh hat, der esse *Meerrettich*pulver nach dem Essen und nüchtern mit Brot, und es wird ihm besser gehen", so schrieb Hildegard von Bingen im 12. Jahrhundert. Heute sind die weißfleischigen „phallischen Wurzelstangen" der Kreuzblütlerstaude wegen ihres tränentreibenden Aromas vor allem bei harten Männern als „Scharfmacher" beliebt. Gute Geschmacksnerven und etwas Geduld braucht Frau, wenn die Inhaltsstoffe der *Muskatnuß* das Band der ewigen Treue knoten sollen: „Das Mädchen verschluckt sie (die Muskatnuß), und wenn die Nuß wieder abgegangen, pulverisiert es sie und mischt sie dem Geliebten ins Essen. Das Aphrodisiacum lenkt durch die körperliche Beimischung die erweckte Liebeslust des Burschen lediglich auf das Mädchen." Alle, die's ausprobieren wollen, seien gewarnt – im Kapitel über die Muskatnuß als

Droge. Das stärkste und wohl auch bekannteste Aphrodisiakum, welches das Gewürzregal zu bieten hat, ist *Pfeffer*. Griechen und Römer rührten sich die getrockneten und gemahlenen Früchte des Pfeffergewächses nicht nur in ihren Wein, sondern auch in den After, Inder gaben ihrem Tee mit zerbröselten Körnern die gewünschte „erhitzende" Würze. Zudem favorisierten sie eine wenig frauenfreundliche Variante der sexuellen Stimulation: Sie verwendeten Pfeffer, um die Scheide der Frauen zu verengen. Die Wolgadeutschen scheinen auch nicht gerade zurückhaltend mit dem Gewürz umgegangen zu sein, wie ihr Liedgut verrät: „Ich pfeffere eure junge Frau/ Ich weiß, sie hat den Pfeffer gern/ ich pfeffer' sie aus Herzensgrund/Gott erhalt die junge Frau gesund!" Alle diejenigen, die jetzt gleich zu Testzwecken in die Küche stürzen, seien von Doktor Hellwig, der im 18. Jahrhundert als Arzt praktizierte, gewarnt: „Alleine man muß solche Stärck-Artzeney nicht zu oft, auch nicht zu viel gebrauchen, denn die Natur davon gar zu starck getrieben wird, daß sie wohl gar zu Grunde geht." Fast harmlos mutet dagegen die *Petersilie* an – aber auch sie kann das Liebesverlangen anfeuern, sofern man sich ihre Wurzel einverleibt. Deren Duftstoffe enthalten Anethol, eine Substanz, die erotische Phantasien entfachen kann. Wem das alles nicht schmeckt, kann seine Libido auch durch äußerliche Anwendungen aus ihrem Schneckenhaus treiben. *Rosmarin* entfaltet nicht nur im Kochtopf eine pikante Würze, sondern auch in der Badewanne eine aphrodisische Wirkung. Je eine Handvoll Rosmarinnadeln, Melissenblätter und Zimtstangen werden zum Zwecke der Hormonstau(auf)lösung zirka fünf Minuten gekocht und der Abguß dem heißen Badewasser zugesetzt. Mit diesem Liebeszaubermittel kann man angeblich selbst in der kleinsten Wanne in den siebten Himmel schwimmen.

Ist Essig ein Allheilmittel?

Man nehme 2 Teelöffel reinen Obstessig, 2 Teelöffel flüssigen Bienenhonig, verrühre das ganze in einem Glas Wasser, trinke es in kleinen Schlucken morgens auf nüchternen Magen, und alsbald werden sich alle Wehwehchen in Wohlgefallen auflösen – oder gar nicht erst entstehen. Äußerlich angewendet, beschert Obstessig – mit Wasser vereint im Mischungsverhältnis 1:1 und täglich einmassiert – der Glatze neuen Flaum, während der Fußpilz in einer Essigtunke sein saures Grab findet.

Das alles und noch viel mehr könnte man glauben, nimmt man all das für bare Münze, was in letzter Zeit in Büchern und Zeitschriften zum Thema „Essig als Wundermittel“ veröffentlicht wurde. Was ist Wahres dran an den alten und neuen Geschichten vom Essig als Zaubertrank?

Was es bei uns als Speiseessig zu kaufen gibt, ist verdünnte, synthetisch gewonnene Essigsäure oder Gärungsessig. Nur letzterer macht sich (anscheinend) um unsere Gesundheit verdient. Grundlage für den Gärungsessig sind immer alkoholhaltige Flüssigkeiten (Wein, Bier, Branntwein usw.) oder Maische, die vergärungsfähige Kohlenhydrate enthält. Essigsäurebakterien bauen den Alkohol mit Hilfe von Sauerstoff zu Essigsäure ab, und das Ergebnis schmeckt ziemlich sauer. Weil Essigsäurebakterien wie viele andere Mikroben alle Zeiten überdauert haben und allgegenwärtig sind, verwandelten sie bereits das Gerstenbier der alten Ägypter in Essig, genauso wie sie heute den Wein oder das Bier säuern, das man über längere Zeit offen stehen läßt. Noch zu Großmutters Zeiten kippte man die „verdorbenen“ Getränke jedoch nicht weg, sondern kredenzte sie – verdünnt mit Wasser – als erfrischende Durstlöscher.

Der heute als „Wundermittel“ propagierte Obst- oder Apfelessig wird in der Regel aus Apfelwein hergestellt. Seine gesundheitsfördernde Wirkung wird demzufolge den Inhaltsstoffen des Apfels zugesprochen, vor allem den Mineralstoffen wie Kalium und Calcium, aber auch Aminosäuren und Pektinen – nur, wie der Vergleich zeigt, tut man sich deutlich mehr des Guten, wenn man, anstatt 2 Teelöffel Essig zu schlucken, einen Apfel ißt!

Inhaltsstoffe eines mittelgroßen Apfels im Vergleich zu 2 Teel. Obstessig (Quelle DGE):

	Apfelessig (10 g)		Apfel (130 g)	
Ballaststoffe	0		2,63	g
Protein	0		0,44	g
Calcium	0,6	mg	9,23	mg
Eisen	0,06	mg	0,62	mg
Natrium	0,1	mg	3,9	mg
Kalium	10	mg	187,2	mg
Carotin	0,001	mg	0,034	mg
Vitamin C	0		15,6	mg
Fluor	2	μg	8,5	μg
Jod	0,1	μg	1,4	μg
Folsäure	0		15,6	μg

Essig wird aber nicht nur als Zaubertrank glorifiziert. Äußerlich angewendet, soll er als Allzweckreiniger sowohl das stille Örtchen als auch den menschlichen Rachen keimfrei halten – wie von manchen Autoren versprochen, verhindert tägliches Gurgeln mit Apfelessigwasser das Entstehen einer Grippe, und bloßes Auftupfen von Obstessig soll gar Gürtelrose, eine neurotrope Viruskrankheit, zum Verschwinden bringen.

Weil Essigsäure die Haut reizen kann, rät die Deutsche Gesellschaft für Ernährung (DGE) Personen mit empfindlicher Haut von einer äußerlichen Anwendung (u. a. empfohlen gegen Akne und Falten) ab. Auch ist laut DGE die heilsame Wirkung des Essigs bei Wetterfühligkeit, Reisekrankheit, Atemwegsbeschwerden, Schuppenflechte usw. wissenschaftlich nicht belegt. Wem der Essigtrunk schmeckt, braucht allerdings nicht auf ihn zu verzichten. Er schadet genausowenig, wie er nützt.

Darf man Pilzgerichte aufwärmen?

Da Vorsicht die Mutter aller Pilzgerichte sein sollte, muß man diese Frage mit einem klaren „Jein“ beantworten. Es gibt Beratungsstellen, die davon abraten, selbstgesammelte Pilze aufzuwärmen, andererseits gibt es leidenschaftliche Pilzsammler, die solche Warnungen für übertrieben halten und bei denen nie Magenverstimmungen, geschweige denn Vergiftungserscheinungen aufgetreten sind, wenn sie ihre gesammelten Kostbarkeiten ein zweites Mal erwärmt und gegessen haben. Möge St. Antonius, der Schutzpatron aller Schweinehirten und Schutzheilige aller Pilzsammler, weiter seine Hand über ihren Kochtopf halten.

Weniger riskant ist es – so die Beratungsstellen –, frische Zuchtpilze wie Champignons, Steinpilze und Austernpilze ein zweites Mal auf die heiße Herdplatte zu stellen – vorausgesetzt, es wurden einwandfreie Exemplare verarbeitet: Frische Pilze haben einen intensiven Geruch, keine dunklen Verfärbungen und keine schleimige Oberfläche. Zudem muß man folgende Regeln beachten:

– Das Pilzgericht nach dem ersten Garen rasch abkühlen, indem man es beispielsweise in Eiswasser stellt. Danach im Kühlschrank zugedeckt bei maximal +4 Grad Celsius aufbewahren und spätestens am nächsten Tag verbrauchen. Beim erneuten Aufwärmen sollten die Pilze auf mindestens 70 Grad Celsius erhitzt werden.

- Auch tiefgefrorene Pilze können aufgewärmt werden, wenn sie fachgerecht vorbereitet wurden: Gleich nach dem Sammeln (oder Einkaufen) putzen und vor dem Einfrieren drei bis vier Minuten blanchieren.

Wenn es nach dem Essen trotzdem zu irgendwelchen Beschwerden wie etwa Magendrücken kommt, müssen das nicht die Anzeichen einer Vergiftung sein. Pilzgerichte sind schwer verdaulich und liegen, besonders wenn man gut zugelangt hat, manchmal bleischwer im Magen. Schuld daran sind ihre chitinhaltigen Zellmembranen – das unverdauliche Chitin, früher auch als „Pilzzellulose" bezeichnet, ist der Stoff, der auch Insekten und Würmer in Form hält. Vergiftungserscheinungen nach verdorbenen Pilzmahlzeiten zählen im übrigen zu den Lebensmittelvergiftungen, man bezeichnet sie als „unechte Pilzvergiftungen". Erste Anzeichen können Übelkeit und Brechdurchfälle sein. Von welcher Art Vergiftung auch immer man betroffen ist – die Erste Hilfe besteht darin, daß man Erbrechen auslöst, sich im begründeten Fall mit der Beratungsstelle für Vergiftungen (Giftnotruf) in Verbindung setzt und den Notarzt ruft.

Viel Vorsicht im Umgang mit den Schwammerln ist deshalb angesagt, weil sie wegen ihres hohen Wasser- und Eiweißgehaltes der ideale Nährboden für ihre nahen Verwandten, die Schimmelpilze, und für jegliche Art von Mikroben sind. An dieser Stelle sei auch mit dem mörderischen Großmuttermärchen aufgeräumt, wonach giftige Pilze oder verdorbene Pilzgerichte daran zu erkennen seien, daß sie einen Silberlöffel oder eine mitgekochte Zwiebel braun oder schwarz werden lassen. Der Silberlöffel im Pilzgericht wird schwarz, weil Eiweiß schwefelhaltig ist – auch Eierspeisen verfärben Silber. Ein Pilzgift läßt ihn völlig unberührt.

Alkohol und Pilze – eine tödliche Kombination?

Es gibt tatsächlich Pilze, die sich nicht mit Alkohol vertragen. Es sind dies sämtliche Tintlinge, insbesondere der Faltentintling oder Graue Tintling, dessen schwarzer Saft früher als Tinte aufbereitet wurde, der Netzstilige Hexenröhrling, der auch ohne Alkohol nicht sonderlich gut bekommt und der Keulenfüßige Trichterling, der heute, egal ob mit oder ohne Alkohol, als ungenießbar gilt, in alten Pilzbüchern aber als eßbar beschrieben wird.

Das Gemeine an den Faltentintlingen ist der Umstand, daß ihre Unverträglichkeit mit Alkohol bis zu 50 Stunden anhält. Zu Vergiftungserscheinungen führt also nicht nur der Wein oder das Bier zum Essen, sondern unter Umständen auch die Drinks, die man zwei Tage davor oder danach zu sich nimmt oder genommen hat! Die Kombination führt zwar nicht zum Tode, aber zu sehr unangenehmen Reaktionen: Blutandrang im Gesicht, Kreislaufkollaps, Schwindelgefühle, Atemnot, Herzrasen, Übelkeit und Erbrechen. Solche Symptome wurden übrigens auch nach einer Tasse Kaffee oder Tee in Kombination mit Pilzgenuß beobachtet.

Das verantwortliche Pilzgift heißt Coprin. Es hemmt den Alkoholabbau im Körper, so daß es zu einer Acetaldehyd-Vergiftung kommt (Alkohol = Ethanol wird in der Leber zu Acetaldehyd abgebaut). Coprin wird auch zur Therapie bei Alkoholmißbrauch eingesetzt – schon geringste Mengen der Substanz lösen heftige Reaktionen aus, so daß den Entzugswilligen im Falle eines „Ausrutschers" jeder verbotene Schluck übel bekommt.

Wieviel bittere Mandeln wirken tödlich?

Bei kleinen Kindern führen 5 bis 10 bittere Mandeln zu einer tödlichen Vergiftung, bei Erwachsenen 60 Stück. Zur Wirkung kommt dabei das Glykosid Amygladin, besser bekannt als Blausäure. Es ist eines der stärksten Gifte überhaupt, ein Gewebegift, das zur inneren Erstickung führt. Unter Einwirkung der Verdauungssäfte und durch die Darmbakterien zerfällt Amygladin u. a. in Blausäure. Die Vergiftung äußert sich durch Kopfschmerz, Angstgefühl, Krämpfe – der Tod tritt durch Atemstillstand ein, bei hoher Dosierung innerhalb weniger Minuten.

Weil sich Bittermandel- und Süßmandelbäume äußerlich genausowenig voneinander unterscheiden wie ihre Früchte, kommt es, daß sich in einer Tüte mit süßen Mandeln immer auch ein paar bittere finden (3 bis 5 Prozent). Niemand wird sie Stück für Stück freiwillig roh essen, als Geschmacksverbesserer werden sie jedoch häufig in Backwaren verarbeitet. Das ist nicht weiter bedenklich, für Kinder gefährlich wird es erst, wenn im Haushalt als Ersatz Bittermandelöl verwendet und das Fläschchen nicht unter Verschluß gehalten wird: Bereits 10 Tropfen wirken bei Kindern tödlich.

In manchen Kochbüchern ist zu lesen, bittere Mandeln würden sich durch Kochen oder Backen „entgiften" – stimmt nicht. Beim Backen verflüchtigt sich nur etwa 30 Prozent des Blausäuregehalts. Beim kurzzeitigen Überbrühen dagegen, mit dem die Schalen gelöst werden, geht überhaupt nichts von dem Gift verloren. Auch beim trockenen Erhitzen (gebrannte Mandeln) löst sich die Blausäure nicht in Bekömmlichkeit und Wohlgeschmack auf.

Wird man klüger, wenn man Studentenfutter ißt?

Eine Knabbermischung aus Mandeln, Nüssen und Rosinen nennt sich Studentenfutter. Warum? Animiert der Imbiß zum Lernen, oder macht er besonders klug? Um das herauszufinden, nehmen wir den Inhalt der Tüte genau unter die Lupe.

Nüsse: Botanisch genau genommen verspeisen wir die Samen von Stein-, Hülsen- und Schließfrüchten, wenn wir Nüsse knabbern. Lebensmittelrechtlich eingeordnet gelten nur Walnüsse und Haselnüsse als echte Nüsse. Im allgemeinen Sprachgebrauch hat sich jedoch eingebürgert, alles als Nuß zu bezeichnen, was eine harte Schale und einen schmackhaften Kern hat. Außer der vereinheitlichten Bezeichnung haben die verschiedenartigen harten Früchtchen aber noch mehr gemeinsam: Sie enthalten Fett, Eiweiß, Kohlenhydrate, Vitamine und Mineralstoffe in einer für die menschliche Ernährung sehr günstigen Zusammensetzung. Ihr hoher Eiweißgehalt (Haselnuß 14 g, Pistazien 20 g pro 100 g) hat den Nüssen zu einer weiteren Bezeichnung verholfen: „Fleisch der Vegetarier". Diesen Titel haben sich die kernigen Leckerbissen vor allem deshalb verdient, weil das Nußeiweiß einen beträchtlichen Gehalt an den Eiweißbausteinen aufweist, die der Körper nicht selbst herstellen kann – im Fachjargon essentielle, also lebensnotwendige Aminosäuren genannt. Auch das Fett der Nüsse zeichnet sich durch hohe Qualität aus; seine Fettsäuren sind ebenfalls essentiell und somit – im Gegensatz zu Gänsefett und Schweineschmalz – in der Lage, erhöhte Cholesterinwerte zu senken. Beim Fettgehalt liegt allerdings auch der Knackpunkt der Nüsse – er ist recht hoch. Die Walnuß beispielsweise enthält 64 Prozent Fett, die Macadamianuß 77 Prozent; das heißt, wer beim spannenden Krimi oder beim langweiligen Fußballspiel gedanken- und maßlos viel vor sich hin knabbert, nimmt auch eine geballte Ladung Energie zu sich: 100 g Nüsse enthalten, je nach Sorte, bis zu 700 Kalorien. Die Ernährungsfachleute empfehlen deshalb, nicht zuviel der Kerngesunden zu sich zu nehmen. Eine Portion von 20 bis 50 g (ohne Schale) genügt als Tagesdosis. Damit nimmt man auch verhältnismäßig viel von den für die Darmtätigkeit unentbehrlichen Ballaststoffen auf – 50 g Hasel- oder Erdnüsse enthalten etwa 3,5 g, das entspricht der Menge an Ballaststoffen, die auch eine Scheibe Vollkornbrot (wiegt ebenfalls etwa 50 g) enthält. Aber die kleinen Kraftpakete haben noch mehr zu bieten: Sie enthalten die Mineralstoffe Kalium, Calcium, Magnesium und Phosphat sowie Vitamine der B-Gruppe, viel Vitamin E und zum Teil Carotine. Den beiden letzteren wird nachgesagt, sie könnten im menschlichen Organismus sogenannte „freie Radikale" unschädlich machen, die an der Entstehung von Krebs beteiligt sind.

Rosinen: Die getrockneten, süßen Früchte der Weinrebe stehen den Nüssen in punkto günstiger Nährstoffzusammensetzung kaum nach:

Zusammensetzung je 100 Gramm (Quelle: Lebensmittellexikon)

Feuchtigkeit	24,2	g
Eiweiß	2,25	g
Fett	0,5	g
Kohlenhydrate	64,2	g
Ballaststoffe	7,03	g
Mineralstoffe	1,86	g
– Natrium	144,0	mg
– Kalium	630,0	mg
– Magnesium	65,0	mg
– Calcium	31,0	mg
– Eisen	3,0	mg
Caroten	0,03	mg
Vitamin B_1	0,12	mg
Vitamin B_2	0,06	mg
Niacin	0,50	mg
Vitamin B_6	0,11	mg
Vitamin C	1,0	mg

Fazit: Alles in allem ein idealer Pausen-Snack für alle, deren Arbeit viel Köpfchen und volle Konzentration verlangt. Nicht ohne ernährungsphysiologischen Grund nennt man also eine Knabbermischung aus Nüssen und Rosinen „Studentenfutter".

Die süße Macht

Feinschmeckerei schließt auch die Näscherei in sich ein, dieselbe Schwäche für leichte, delikate, zarte Dinge an Konfitüren, Bäckereien usw.
Näscherei ist eine Modifikation, eingeführt zugunsten der Frauen und der effeminierten Männer.

Brillat-Savarin

Ist die Lust auf Süßes angeboren?

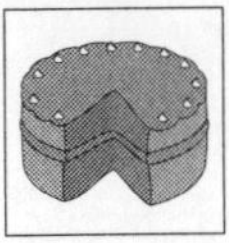

Was Adam und Eva damals von der süßen Frucht naschen ließ, war nicht der schlechte Charakter der beiden, sondern ihre Gene! Der Mensch an sich kann nämlich nichts dafür, wenn er lieber in den süßen als in den sauren Apfel beißt – seine Lust auf Süßes ist angeboren. Der Drang nach Marmelade, Pudding und Schokolade ist zwar für alle kalorienzählenden Zeitgenossen eine lästige Plage, findet aber in der Geschichte der Evolution seine sinnvolle Begründung.

Da der nackte Affe nicht wie wir heutzutage im Schlemmerparadies lebte, sondern seine lebenserhaltenden Kalorien mühsam zusammensammeln mußte, entwickelte er im Laufe der Jahre ein Näschen für konzentrierte Energieträger. Er machte die Erfahrung, daß alles, was süß schmeckte, schnell das Hungergefühl abstellte und Kraft gab. Alles, was sauer oder bitter schmeckte, wie Blätter, unreife Früchte und grüne, giftige Beeren, sättigte zum einen nicht so schnell, verursachte darüber hinaus öfter Magenkrämpfe oder ließ manches Hordenmitglied nach qualvollen Stunden in die ewigen Jagdgründe entschwinden. Ganz ohne Studium der Ernährungswissenschaften, nur aufgrund seiner Erfahrungen erlernte der Homo erectus also die lebenserhaltende Funktion kohlenhydratreicher Lebensmittel, indem er Süßes als Signal für Genießbarkeit deutete. Und wie für alles andere, was die menschlichen Qualitäten und den Fortbestand seiner Spezies sicherte, bildete er im Verlaufe der Jahrtausende auch dafür ein Gen aus. Somit wurde Süßhunger genauso wie der aufrechte Gang zum menschlichen Erbgut.

Wer dies für das Märchen hält, das sich die Vollschlanken als Entschuldigung und Rechtfertigung für üppigen Hüft- und Bauchspeck ausgedacht haben, irrt. Die Evolutionsbiologen und Genforscher haben Beweise für ihre Theorien. In zahlreichen Versuchsreihen wurde beispielsweise festgestellt, daß Neugeborene automatisch mehr trinken und zudem einen glücklichen Gesichtsausdruck zeigen, wenn ihnen gesüßte Flüssigkeit angeboten wird. Destilliertes Wasser ohne Geschmack schlucken Säuglinge, wie ihre Eltern, lediglich in durststillender Menge ohne große Begeisterung. Auf leicht Bitteres oder Saures im Fläschchen wird mit deutlichem Mißfallen reagiert.

Es kommt also nicht von ungefähr und nicht nur von einer zuckerlastigen Erziehung, wenn bei Kindern die Tüte mit den Gummibärchen als Belohnung fürs Schuhputzen wesentlich mehr Arbeitseifer weckt als die Aussicht auf eine saure Gurke.

Weltweit ist ein süßes Leben ohne Zucker nicht vorstellbar. Die Liebeslyrik aller Länder und aller Epochen bietet Küsse, süß wie Honig, zwar als Ersatzbefriedigung an, aber wer davon nicht genug bekommen kann, füllt das Manko auf mehr oder weniger raffinierte Art und Weise aus: Der Bundesbürger konsumiert im Jahresdurchschnitt zirka 50 kg Raffinade (aus Zuckerrohr und Zuckerrübe gewonnener, gereinigter Kristallzucker; bei dem angegebenen Durchschnittsverbrauch nicht mitgerechnet sind zum Beispiel Milch- oder Fruchtzucker, die auch noch konsumiert werden). Die täglichen 137 g verrühren Else und Otto Normalverbraucher jedoch nicht nur im Kaffee oder lutschen sie als Bonbon. Zucker versteckt sich in vielen Fertigprodukten, findet sich in Likör, Ketchup, Speiseeis, bildet den Überzug von Pillen, wird manchem Wein zugesetzt, den Fruchtzwergen untergejubelt und als Wundermittel gegen jede Art von Seelenpein eingenommen – die genetische Programmierung hat nämlich weitreichende Folgen. Süßes macht nicht nur satt und Laune, sondern weckt auch die Lust auf mehr. Verantwortlich dafür ist Serotonin, ein Botenstoff, der im Verlaufe des Zuckerstoffwechsels im Gehirn freigesetzt wird. Er lullt uns in den Schlaf und vermittelt im Wachzustand den rargewordenen Zustand, sich rundum wohlzufühlen. Wer ohne Völlegefühl zwei Tafeln Schokolade am Stück vernaschen kann oder im Restaurant nach drei Gängen als Dessert unbedingt noch eine Mousse au chocolat braucht, weiß, wovon die Rede ist. Die neuen Süchtigen heißen Schokoholics und geben ihrem Affen reichlich Zucker. Selbst die Aussicht auf Karies, Diabetes und Fettleibigkeit kann sie nicht dazu bewegen, Bismarckheringe als Ersatzdroge zu akzeptieren. Für sie gibt das Zucker-Gen allerdings keine Entschuldigung her, denn die Evolution hat dem Menschen auch ein Gehirn mitgegeben. Wer mit dessen Gebrauch vertraut ist, kann damit sogar seine Lust auf Süßes auf ein bekömmliches Maß reduzieren.

Ist Honig gesünder als Zucker?

Seit chemisierte und gentechnologisch veränderte Nahrungsmittel in aller Munde sind, geht es dem Zucker wieder mal ans Image. Die Betonung liegt auf wieder mal: Im ersten Jahrtausend nach

Christus scheiden sich in Byzanz die gelehrten Geister an der Frage, ob der aus Zuckerrohr gewonnene Sirup als Heilmittel dem traditionell verordneten Honig Konkurrenz machen dürfe; im Jahre 1572 beschwert sich Ortelius in seinem „Theatre de l'Univers" über seine zukkergierigen Zeitgenossen: „...nicht mehr wie früher nur in Apotheken erhältlich, die ihn für Kranke vorrätig hielten, wird er heute aus Freßgier verschlungen." Anthelm Brillat Savarin, Feinschmecker, Jurist, Chemiker, Physiker, Philosoph und Mediziner resümiert im Jahre 1825: „Nachdem der Rübenzucker in den Handel gelangt war, fanden Leute mit Vorurteilen, Gewohnheitsmenschen und Ignoranten, er sei ungesund. (...) Daß er aus der Apotheke kam, genügte, um ihm mit Mißtrauen zu begegnen. Einige meinten, er wirke erhitzend, andere, er greife die Brust an, wieder andere, er begünstige den Schlaganfall. Doch die Verleumdung mußte schließlich der Wahrheit weichen, und es ist jetzt schon mehr als achtzig Jahre her, daß dieser denkwürdige Sinnspruch aufgestellt wurde: Der Zucker tut nur dem Geldbeutel weh!"

In seiner jahrtausendealten Geschichte – Zuckerrohr gilt als die älteste Kulturpflanze der Welt – hat das „süße Gift" viele Auf und Abs mitgemacht – gegenwärtig steht Zucker wieder unter starkem Beschuß: Strenge Naturköstler stellen ihn, weil reines Industrieprodukt, ins vollwertige Abseits. Der harmloseste Vorwurf ist der der absoluten Wertlosigkeit („tote Kalorien"), am schlimmsten hat ihn in ein Urteilsspruch des obersten Gerichtshofs aus dem Jahre 1985 getroffen, wonach das raffinierte Produkt aus Zuckerrohr und -rübe in die Abteilung „Schadstoffe" gestellt werden durfte. Demzufolge muß er Krankheiten wie Diabetes, Herzinfarkt, Gallensteine, Karies und vieles andere mehr auf seine Kappe nehmen. Die Experten streiten sich nach wie vor heftig; von den Gerüchten über seine krankmachenden Eigenschaften ist so gut wie nichts bewiesen – außer der Tatsache, daß zuviel dick macht, aber das trifft pauschal gesehen auf alle kohlenhydratreichen Lebensmittel zu, genauso wie überreichliche Mengen an anderen lebensnotwendigen Nährstoffen, wie etwa Fetten, dick oder krank oder beides zusammen machen können.

Honig hatte so gut wie nie mit Image- und Akzeptanzproblemen zu kämpfen. Schon immer stand er bei unseren Vorfahren hoch im Kurs und galt als etwas Besonderes. Im alten Ägypten reihte man ihn in die Sparte „Götterspeisen" ein. Seine Produzenten, die Bienen, sah man als göttliches Symbol – Tränen des Sonnengottes Re, die, auf Blätter und Blüten gefallen, zu Honig und Wachs wurden. In der frühen Heilkunde war Honig das Allheilmittel schlechthin. Der ägyptische Körperkult gebot seinen Oberschichtlern, täglich ein Abführmittel aus Öl und Honig einzunehmen – das leite die lästigen Darmwinde ab und verhindere dazu noch Fettleibigkeit, so steht es in den Papyri von damals geschrieben. Zudem mache Honig die Gelenke geschmeidig und bekämpfe den Husten. Als Verhütungsmittel empfahl sich eine Tampontunke auf Honigbasis: „Akazienschoten, Koloquinten und Datteln in einem halben Liter Honig zerstoßen. Einen Stoffballen mit dieser Flüssigkeit tränken und in die Vagina einführen."

Bis zum Ausgang des Mittelalters war Honig nie allein Süßungsmittel. Er war Kriegsbeute, Luxusgut, Heilmittel und nicht zuletzt Aphrodisiakum – zuviel der Ehre für eine von Insekten vorverdaute, kalorienträchtige Süßware? Um zu erfahren, was wirklich dran und drin ist an und in dem mit mythischen Inhalten angereicherten Nahrungsmittel, schwärmen wir kurz aus ins Reich der Bienen.

Ausgangsstoffe für den Honig sind Nektar und Honigtau. Letzteres sind die süßen Ausscheidungen von pflanzensaugenden Insekten wie Schildläuse, Blattflöhe und Blattläuse. Den ebenfalls süßen Nektar schwitzen die Blüten und Blätter der Pflanzen aus. Diese beiden zuckerhaltigen Rohstoffe werden von den sogenannten Trachtbienen aufgesammelt und in ihrem Honigsäckchen oder Honigmagen in den Bienenstock geflogen. Dort wird der wasserreiche Zuckersaft zum Honig, indem ihn viele Stockbienen wieder und wieder „verdauen": Sie pumpen ihn in schneller Folge über eine Viertelstunde lang aus ihrem Honigmagen aus und saugen ihn wieder ein. Dabei wird er zum einen eingedickt, weil Wasser verdunstet, und zum anderen mit Eiweiß, Säuren und Enzymen aus dem Bienenspeichel versetzt. Eingebracht in die Wabenzellen reift der Honig. Bei einem Feuchtigkeitsgehalt von 18–20 Prozent sind die Futtervorräte der Bienen reif für den Imker – er entnimmt die Wabe zur weiteren Verarbeitung.

Die Qualität des Honigs und seine Zusammensetzung variieren. Sie werden bestimmt vom Herkunftsland (80 Prozent des deutschen Bedarfs wird importiert), von der Tracht, von den Umweltfaktoren und von der Art der Gewinnung.

Sein Vitamingehalt ist vernachlässigbar gering. Was den Wert des Honigs ausmacht, sind seine leicht resorbierbaren Kohlenhydrate, die vom Körper sofort zur Energiegewinnung herangezogen werden können. Seine Aromastoffe wirken appetitanregend, von Bedeutung ist auch der Mineralstoff- und Enzymgehalt. Geringe Mengen an Inhibinen bewirken seine leicht antibiotischen Eigenschaften, woraus die gute alte Honigmilch ihre Berechtigung als Hausmittel gegen Erkältungen bezieht. Wenn sie über den Placeboeffekt hinaus nichts bewirkt, liegt es daran, daß sie zu stark erwärmt wurde – Honig reagiert sehr empfindlich auf Hitze. Bei Temperaturen von über 40 Grad Celsius werden seine aktiven Inhaltsstoffe zerstört.

Im Vergleich dazu hat der Haushaltszucker relativ wenig zu bieten. Außer daß er angenehm süßer Seelentröster ist, verbindet ihn mit dem Honig nur der hohe Kaloriengehalt: Honig liefert 303 und Zucker 399 kcal pro 100 g. Eine Aburteilung als „Schadstoff" hat er aber ganz sicher nicht verdient, wenn man mit ihm umgeht wie unsere blaublütigen Ahnen vor etwa 200 Jahren: In wertvollen Gold- und Silberdöschen eingeschlossen, wurde er behütet wie ein kostbares Juwel – das niedere Volk mußte sich mit Honig begnügen.

Zusammensetzung des Honigs pro 100 g
(Quelle: Lebensmittel-Lexikon)

Feuchtigkeit	18,0	g
Eiweiß	0,4	g
Fett	0	g
Kohlenhydrate	79,6	g
Mineralstoffe	0,2	g
Natrium	7,4	mg
Kalium	47	mg
Magnesium	5,5	mg
Calcium	4,5	mg
Mangan	0,03	mg
Eisen	1,3	mg
Kupfer	0,09	mg
Phosphor	18	mg
Zink	1,4	mg
Vitamin B_1	0,003	mg
Vitamin B_2	0,05	mg
Niacin	0,13	mg
Vitamin C	2,4	mg

Macht Schokolade süchtig?

„Also gut, jeder, der einige Zeit zu viel aus der Schale der Wollust getrunken hat, jeder, der einen beachtlichen Teil der Nachtruhe zum Arbeiten verwendet hat, jeder Mann von Geist, der sich vorübergehend dumm vorkommt, jeder, der die Luft feucht, die Zeit lang und die Umgebung schwer erträglich findet, jeder, der an Zwangsvorstellungen leidet, die ihm die Freiheit der Gedanken rauben, alle diese Leute also sollen sich einen guten halben Liter ambraduftender Schokolade zu Gemüte führen, und dann werden sie ihre blauen Wunder erleben. In der mir eigenen Art, die Dinge zu bezeichnen, nenne ich die ambraduftende Schokolade ‚Schokolade der Betrübten', denn bei jedem der genannten Zustände hat man irgendein bestimmtes Gefühl, das der Betrübnis gleicht." So schreibt der gelehrte Feinschmecker Anthelm Brillat-Savarin in seiner „Physiologie des Geschmacks" aus dem Jahre 1825.

„Ihre blauen Wunder" erlebten unzählige Schokoladekonsumenten, seitdem die Kakaobohne für den menschlichen Genuß entdeckt und aufbereitet wurde (etwa im Jahre 600 n. Chr.). Für Brillat-Savarin bestanden sie in der Hauptsache aus aufputschender und stimmungsaufhellender Wirkung. Er nahm mit seiner guten Beobachtungsgabe die Forschungsergebnisse späterer Zeiten vorweg – ohne je im Chemielabor tätig gewesen zu sein. 1841 entdeckte ein russischer Chemiker das nervenbelebende Theobromin, seine Wirkung wird ergänzt durch einen weiteren stimulierenden Inhaltsstoff, das Koffein. Nach und nach filtert die Phytochemie immer mehr psychotrope Substanzen aus den rötlichbraunen, öligen Samen des immergrünen „Paradiesbaumes". Zuletzt, 1996, fanden amerikanische Wissenschaftler im Kakao und in dunkler Schokolade N-Acylethanolamine, Substanzen, die haschischähnliche Wirkungen hervorrufen. Wie gut für die vielen Sklaven, die im alten Mexiko zu Ehren des Priesterkönigs Quetzalcoatl auf eine sehr perfide Art und Weise ihr Leben lassen mußten: Die Azteken schnitten den „Auserwählten", die schön und vor allem körperlich unversehrt sein mußten, das Herz heraus, um es ihrem Abgott zu opfern. Vor dem Abschlachten gab man ihnen ein Kakao-Getränk – zerstampfte Kakaobohnen, verrührt mit Wasser, in dem vorher ein blutiges Opfermesser gereinigt wurde, und anderen merkwürdigen Ingredienzien. Den Priestern war damals sehr wichtig, daß der Sklave „freudig" in den Tod ging – eine traurige Miene hätte als Vorbote künftigen Unglücks gegolten. Glaubt man den Historikern, scheint das bittere Kakaowasser in Tausenden von „Opferfällen" seine Wirkung als Stimmungsaufheller nicht verfehlt zu haben. Was den Ärmsten eingeflößt wurde, ist von den Inhaltsstoffen her natürlich kaum zu vergleichen mit dem, was heutzutage in raffiniertem Kakaopulver oder in den Schokoladetafeln aus unseren Supermärkten zu finden ist. Zum einen kann man über die „Würzzusätze" die wildesten Vermutungen anstellen – sicher überliefert sind Chilipulver, roter Pfeffer und Agavensaft, die jeder für sich schon das Bewußtsein benebeln können, zum anderen wurde der „xocolatl" im präkolumbianischen Mexiko „schwarz" getrunken: große Mengen krümeliger Rohkakaogrieß mit Wasser verquirlt („xoco" heißt bitter und „atl" Wasser). So kann es durchaus möglich sein, daß beispielsweise der Gehalt an Phenylethylamin, einem biogenen Amin, das unter anderem auch in Pilzen und Käse vorkommt, so hoch war, daß es tatsächlich Halluzinationen hervorrufen konnte. Die bereits erwähnten Alkaloide des Kakaos, Theobromin, Koffein und Theophyllin, mögen auch noch etwas dazu getan haben, Streß abzubauen. Ob das jedoch gereicht hat, im Angesicht eines grausamen Todes ein Lächeln auf die Lippen der „Gottgeweihten" zu zaubern, bleibt der Spekulation überlassen.

Daß die „braune Versuchung" mehr konnte als nur Hunger oder Durst stillen, war den Konsumenten also zu allen Zeiten bewußt, wenn auch manchmal der Wunderglaube zu Interpretationen führte, die mit den heutigen wissenschaftlichen Erkenntnissen nicht übereinstimmen: Die Marquise de Sévigné, wie's überliefert wurde, sehr der Schokolade zugetan, warnte trotzdem im Jahre 1671 ihre schwangere Tochter: „Die Marquise de Coetlogon nahm während ihrer Schwangerschaft im letzten Jahr so viel Schokolade zu sich, daß sie von einem kleinen Jungen entbunden wurde, der schwarz wie der Teufel war und später starb." Andere konnten überhaupt nichts Schlechtes an dem Kultgetränk der Azteken finden, kamen regelrecht ins Schwärmen und dichteten dem Lieblingsgetränk dekadenter Adliger gar aphrodisische Eigenschaften an. „Allmächtiger Vater, das darf nicht sein!" entrüsteten sich daraufhin die geistlichen Würdenträger und machten sich eifrig daran, ihren Senf auch in die Kakaotasse zu geben. Fortan wurde im Zusammenhang mit dem beliebten Trank von der Sünde des Fleisches gesprochen und davon, daß das Teufelszeug für die Exzesse in den Klöstern verantwortlich sei – 150 Jahre lang erhitzten sich die frommen Gemüter ob der „Sündhaftigkeit" des Genußmittels. Später nahmen sich die Ärzte seiner an, und auch die Herren Doktoren konnten ihre Wertungen auf keinen einheitlichen Nenner bringen. Für die einen handelte es sich um Arznei mit großer Heilwirkung, andere schrieben ihr Verdauungsbeschwerden, Erhitzung der Venen, Leberzersetzung und vieles andere mehr zu.

Heute beschränken sich die Warnungen der Ernährungsberater auf die Eigenschaft der süßen Sünde als Kalorienbombe, in der Liste suchtgefährdender Stoffe ist sie bis jetzt noch nicht aufgetaucht – obwohl sich viele Liebhaber der braunen Täfelchen von sich aus als „Schokoholics", als schokoladesüchtig, outen. Wahrscheinlich sind sie alle nur schokophil, also Schokoladenliebhaber, von echter Sucht im medizinischen Sinne kann kaum die Rede sein. Schon allein deshalb nicht, weil selbst exzessiver Genuß keine gesundheitlich relevanten Risiken und Nebenwirkungen mit sich bringt. Wenn schon, dann könnte man den „Süßmäulern" das Attribut zuckersüchtig verleihen, denn bekanntermaßen enthalten die präferierten Schokoladensorten neben viel Fett auch noch viel Zucker. Und der weckt die müden Lebensgeister, weil er für die Ausschüttung des antidepressiv wirkenden Serotonins sorgt. Aber: Die chemischen Glücksboten sind auch in anderen Lebensmitteln enthalten, und ihre Konzentration in Praline & Co. ist so gering, daß da noch etwas anderes sein muß, was den deutschen Bundesbürger zu durchschnittlich 8,5 kg Schokolade pro Jahr greifen läßt. (Das sind 85 Tafeln oder 50 Tafeln und 3,5 kg Pralinen.)

Vielleicht ist es der zarte Schmelz, der unserem Gaumen schmeichelt, vielleicht sind es die 500 verschiedenen Aromen des Kakaos, die angenehme Sinnesreize auslösen, die intensive Farbe, ist es die Symbolik des Besonderen (das Täfelchen Schoko gab's in der Kindheit immer als Geschenk), der Reiz von läßlicher Sünde (denn eigentlich sollte man ja nicht), seine anerzogene Bedeutung als Belohnung oder einfach nur unsere angeborene Süßpräferenz, die Schokolade zum Objekt schier unersättlicher Begierde macht?

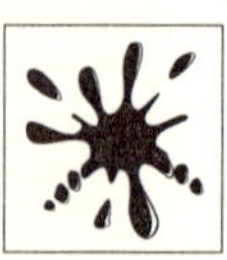

Blut in der Schokolade?

Blutwurst und Zartbitterschokolade haben eines gemein – die Farbe. Sonst nichts. Das zumindest versichert der Bundesverband der deutschen Süßwarenindustrie auf eine entsprechende Anfrage: „Zu den unhaltbaren Horrormeldungen, mit denen Verbraucher zunehmend verunsichert werden, gehört auch die Schlagzeile Blut in der

Schokolade." Der Institutsleiter Professor Reinhard Mattissek stellt weiter klar: „Zur Herstellung von Schokolade wird weder in Deutschland noch in der Europäischen Union Schweine- oder Rinderblut verwendet. (...) Für die deutschen Süßwarenunternehmen ist es absolut unvorstellbar, bei der Herstellung ihrer Produkte Tierblut zu verwenden."

Die Verunsicherung haben wir einem gewissen Herrn Amiello Faracchio aus Düsseldorf zu verdanken, der ein Patent beantragt hat für einen neuen Schokoladen-Brotaufstrich mit Zusatz von Blut, diesen aber bis jetzt weder kreiert noch auf den Markt gebracht hat. Auch ein Forscherteam in der Ex-DDR erwägte einstmals den Zusatz von getrocknetem Tierblut, um ihren Kakaoersatztafeln eine kräftigere Farbe zu geben. Ob sie jemals hergestellt und verkauft wurde, weiß niemand so ganz genau. So wird vorerst und auf Dauer zumindest bei den traditionellen Marken alles bei den altbewährten Zutaten bleiben: Kakaomasse, Kakaobutter, Zucker, Sahne- oder Milchpulver für Milchschokolade, Gewürze, wie Vanille, Kaffee oder Zimt, diverse Aromen, je nach Sorte Rosinen, Nüsse oder Mandeln und ein kräftiger Schuß Berufsgeheimnis der Schokoladenmacher oder Chocolatiers. Fürs Aroma entscheidend ist die Kakaosorte, und deren Qualität wiederum ist abhängig vom Klima und der Bodenbeschaffenheit des Anbaugebietes. Fast 90 Prozent der Weltkakaoernte besteht aus Konsumkakao (Forastero). Er wird in den meisten Schokoladensorten verarbeitet. Sehr fein und immer teurer wird's, je mehr Edelkakao (Criollo) eingesetzt wird. Mindestens 40 Prozent einer hochwertigen Sorte muß im Produkt enthalten sein, bevor sich eine Schokolade „edel" nennen darf. Deren Beschreibung steht dann dem eines edlen Weines in nichts nach – auf der Verpackung einer „Carré des Caraibes" steht: „Um sie richtig zu genießen, entdecken Sie vor allem ihren außergewöhnlichen Tabakduft, der den duftreichen Bohnen der Karibik so nahekommt. Ihr dunkelbraunes und purpurfarbenes Kleid weist sie als berühmte Sorte aus. Im Mund entfaltet der fruchtige und kaum gezuckerte zarte Schmelz ein Bukett aus Vanille, reifen Feigen und geröstetem Kaffee. Es ist eine berühmte Sorte, der jede Achtung gebührt: Wärme, Feuchtigkeit und Luft bieten die besten Voraussetzungen. Bei Zimmertemperatur genießen."

Eine neue Verordnung der Brüsseler Eurokraten hat die Zutatenliste neu aufgemischt. Auf Betreiben der Engländer – die Cadbury-Schokolade läßt grüßen – darf neuerdings die teure Kakaobutter durch Streckmittel wie Palmöl und andere Pflanzenfette ersetzt werden. Die billigen

Fette ermöglichen höhere Gewinne, eine längere Lagerdauer und bessere Transportbedingungen – der Geschmack bleibt auf der Strecke. Dem Schokophilen blutet das Herz.

Macht Lakritze krank?

Wenn man Süßholz raspelt, die Späne auskocht und in den Sirup unter anderem noch Mehl, Zucker und Geliermittel einrührt, hat man etwas im Topf, das aussieht wie Teer, sich anfühlt wie Teer, Bärendreck heißt, aber nicht so schmeckt, sondern sehr, sehr, sehr süß. Es soll Menschen geben, die davon nicht genug kriegen können; die bekommen dann unter anderem Kopfschmerzen, Quaddeln an Händen, Füßen und im Gesicht, ihr Blutdruck steigt, ihr Herz vergrößert sich, die Muskeln werden schwach, kurzum: zuviel Bärendreck (Lakritze) macht krank.

Auf Dauer zuviel, exakt in Zahlen gemessen, ist eine Menge von über 100 mg Glycyrrhizin pro Tag. Bei dem Zungenbrecher handelt es sich um den Hauptwirkstoff der Süßholzwurzel; die Substanz ist 150mal süßer als Haushaltszucker und und ähnelt von der chemischen Struktur her körpereigenen Hormonen, weshalb sie unseren Stoffwechsel empfindlich stören kann.

Um das zu verhindern, sollte bei Lakritzwaren der Gehalt an Glycyrrhizinsäure auf der Verpackung angegeben werden, beispielsweise mit dem Hinweis auf Höchstverzehrmengen – die Europäische Union konnte sich allerdings zu einer gesetzlichen Verordnung bis heute noch nicht durchringen. Das Bundesinstitut für gesundheitlichen Verbraucherschutz und Veterinärmedizin (BgVV) rät deshalb Schwangeren und anderen Süßhungrigen, die unter Bluthochdruck, Herz-Kreislauf-Erkrankungen und Diabetes leiden, ihre Lust auf Lakritzkonfekt auf ein bekömmliches Maß zu drosseln.

Gleiches gilt im übrigen für süßholzwurzelhaltige Arzneimittel, die beispielsweise zur Behandlung von Magen-, Darmgeschwüren und Erkältungskrankheiten erfolgreich eingesetzt werden. Auch die beliebten Salmiakpastillen, die meist verführerisch neben der Apothekenkasse plaziert werden, fallen unter die Devise: Weniger ist gesünder.

Von großen und kleinen Tieren

Ich hasse die Wirklichkeit, obwohl ich mir darüber klar bin, daß sie immer noch der einzige Ort ist, wo man ein anständiges Steak bekommt.

Woody Allen

Tummeln sich im Joghurt lebende Bazillen?

Mikroben, Mikroorganismen oder Kleinlebewesen, die „mikroskopisch kleinen Tierchen“ (Louis Pasteur), sind allgegenwärtig und zu allem fähig. Im Straßenstaub finden sich bis zu zwei Millionen pro Gramm, auf verschmutzten Spüllappen tummeln sich 100 Milliarden pro Quadratzentimeter; in Büchern verursachen sie Stockflecken, am Schweißfuß den Käsegeruch, im Emmentaler und in den Zähnen Löcher, aller Wahrscheinlichkeit nach ist der Ursprung des Lebens auf sie zurückzuführen, genauso wie sie verantwortlich sind für Abermillionen von Todesfällen, ohne sie gäbe es kein Erdöl, kein Brot, keine Wurst, keinen Wein und kein Bier, kurzum: so gut wie nichts geht ohne sie, auch nicht die Verwandlung von Milch in Joghurt.

Bevor die Joghurtherstellung aus der heimischen Küche verdrängt wurde und in Massenproduktion ausartete, war die Verwandlung von Milch in eine Art Joghurt nur eine Frage Zeit: In jeder frisch gemolkenen Milch tummeln sich – neben vielen anderen – Milchsäurebakterien, original und direkt von Kuh oder Ziege geliefert, die peu à peu den Milchzucker „fressen“ und ihn dabei in Milchsäure verwandeln. Das Resultat ist saure Milch oder Dickmilch, der Vorgang nennt sich milchsaure Gärung oder Fermentation, schützt im Endeffekt den Rohstoff Milch vor Fäulnis, also vor dem Angriff anderer Mikroben und gehört zu den ältesten natürlichen Konservierungsverfahren der Menschheit.

Heutzutage entsteht in den Molkereien kein Sauermilchprodukt mehr durch die „alte“ Spontangärung. Seitdem Tausende verschiedener Milchsäurebakterienarten als Verursacher der Fermentation unter dem Mikroskop identifiziert werden konnten (Ende des 19. Jahrhunderts), werden die Winzlinge aussortiert und „gezähmt“. Damit „wilde“ Kollegen keine Überraschungen im Joghurtbecher produzieren können, wird die Milch durch Erhitzen entkeimt (pasteurisiert) und danach mit den gewünschten Milchsäurebakterienkulturen neu „geimpft“. Im wesentlichen sind das die Mikrobenstämme Lactobacillus bulgaricus und Streptococcus thermophilus. Wobei die einen fast nur Milchsäure und die anderen auch noch Aromen produzieren.

Das könnte dem gemeinen Joghurtesser ziemlich egal sein, solange es schmeckt, wären da nicht die verschiedenen Lebensmittelkonzerne, die ihn dazu bringen wollen, zwischen dem einen und dem anderen, zwischen lebenden und toten Bakterien und dazu noch zwischen rechts-

und linksdrehender Milchsäure zu unterscheiden, weil das eine ja wesentlich gesünder sei als das andere.

Tatsache ist, daß sich bestimmte Milchsäurebakterien äußerst günstig auf unsere Gesundheit auswirken – anscheinend aber nur, wenn sie lebend in den Verdauungstrakt gelangen. Tatsache ist auch, daß sich die meisten Lactobazillen nach einem Magensäurebad in die ewigen Jagdgründe verabschieden. Auf diese Vorgaben reagierte ein Nahrungsmittelkonzern mit den Bakterienstämmen Lactobacillus acidophilus 1 (LA 1) und Lactobacillus casei Goldin und Gorbach (LGG). Sie wurden aus dem menschlichen Darm isoliert und sollen widerstandsfähig gegen unsere diversen Magensäfte sein, demzufolge lebend den Verdauungstrakt erreichen. Bei der Werbung für diese probiotischen (heißt: für das Leben) Produkte wurde viel Lärm um wenig gemacht: Laut DGE gibt es da noch einiges zu klären: zum Beispiel, ob extern zugeführte Milchsäurebakterien die Darmflora tatsächlich langfristig verändern können, warum die individuell zusammengesetzte Darmflora Gesunder überhaupt beeinflußt werden soll und wieviel Keime für die gesundheitliche Wirkung nötig sind. Zudem ist unklar, inwiefern die zugesetzten Bakterien tatsächlich Kolonien bilden. Abgesehen davon reicht es für einen umfassenden Gesundheitsschutz nicht aus, nur einzelne Bakterienstämme zu verzehren. Wichtig und wirkungsvoller ist die Abwechslung, das heißt, sich Milchsäurebakterien „aller Rassen“ aus den unterschiedlichen fermentierten Lebensmitteln einzuverleiben, als da wären: sämtliche Sauermilchprodukte wie Kefir, Quark, Buttermilch, aber auch Sauerkraut und saure Gurken.

Alles Käse – oder ist da noch mehr drin?

Käse ist laut deutscher Käseverordnung „das frische oder in verschiedenen Graden der Reife befindliche Erzeugnis, das aus dickgelegter Käsereimilch hergestellt ist“. Diese Definition setzt der Kreativität der Macher keine Grenzen: Europaweit finden sich über 4000 verschiedene Sorten unter den Käseglocken. Dazu gehören viele regionale Raritäten wie zum Beispiel der in zarte Blätter gehüllte spanische Caprales/Pivón, ein Blauschimmelkäse, der jedes Feinschmeckerherz höher schlagen läßt, aber auch Massenware wie höllandischer Gouda, der aus keinem Supermarkt-Kühlregal mehr wegzudenken ist.

Die Bundesbürger lassen sich jährlich über eine Million Tonnen Käse schmecken – Tendenz steigend – und liegen mit einem durchschnittlichen Pro-Kopf-Verbrauch von 19,7 kg in Europa an zweiter Stelle hinter den Franzosen. Seine steigende Beliebtheit steht aller Wahrscheinlichkeit nach in Zusammenhang mit der abnehmenden Beliebtheit von Fleisch – Leberkäse und Schweinebraten werden zunehmend durch Gerichte mit Käse ersetzt. Und schon kommt er ins Gerede: Ein Zuviel an Nitrat wird ihm unterstellt, und deshalb wird davor gewarnt, mit Käse zu überbacken, wie es beispielsweise bei Toast Hawaii oder Pizza üblich ist.

Die Deutsche Gesellschaft für Ernährung (DGE) räumt in ihrem Ernährungsbericht solche Bedenken aus und hält diesbezügliche Warnungen für nicht gerechtfertigt: Nitrate sind Salze, die dem Schnittkäse (Edamer, Gouda, Tilsiter usw.) bei der Herstellung zugesetzt werden, damit der Käselaib während der Reifung nicht durch unerwünschte „Blähungen“ seine Form verliert oder Löcher kriegt, wo keine sein sollen. Bekanntermaßen kommen Nitrate aber auch in allen Salaten und Gemüsen sowie im Trinkwasser vor. Ein Vergleich mit diesen Nahrungsmitteln läßt den Schnittkäse gut dastehen, denn der Nitratgehalt einer dicken Scheibe Käse ist viel geringer als der einer Portion grüner Bohnen, die dazu noch von der DGE als nitratarm eingestuft werden. Die enthaltenen Mengen sind so gering, daß mehrmals täglich Käse satt selbst bei Kleinkindern keinen Anlaß zur Besorgnis gibt. Auch wenn es ans Überbacken mit Käse geht, gibt die DGE Entwarnung. Zwar können die Salze gepökelter Fleisch- und Wurstwaren (Schinken, Salami) zusammen mit Käse und Gemüse eine gesundheitsschädliche Verbindung eingehen (krebserregende Nitrosamine bilden), aber die festgestellten Mengen sind so minimal, daß es keinen Anlaß zur Besorgnis gibt (DGE-info vom Februar 97).

Macht der Verzicht auf Fleisch krank?

Bilder und Berichte von brutalen Praktiken bei der Tierhaltung und bei Tiertransporten haben sensiblen Naturen den Appetit auf Fleisch verschlagen, andere ließ die Sorge um das eigene Wohlergehen in die Fraktion der Fleischverzichtler eintreten: BSE-Erreger als Auslöser der Creutzfeldt-Jacob-Krankheit (Zersetzung des Gehirns) beim Menschen, Hormone, Asthmamittel, Antibiotika, Sulfonamide und andere Medikamente rezeptfrei und ohne Zuzahlung im Schnitzel oder in der Raviolifüllung – kein akzeptabler Beitrag zur Kostendämpfung im Gesundheitswesen, sagten sich nicht wenige und machten fortan einen weiten Bogen um alles, was von toten Tieren stammte.

Seit nun Vegetarier aller Klassen einen nicht zu verachtenden Einschnitt bei den Fleischumsätzen produzieren, scheint sich die Fleischindustrie Sorgen um deren Gesundheit zu machen. Wie sonst läßt sich erklären, daß neuerdings nicht nur in den Gazetten, die sich vorwiegend mit dem fiktiven Liebesleben bei Hofe beschäftigen, sondern auch in seriösen Fachzeitschriften Artikel erscheinen, die mit viel Polemik vor den Gefahren der vegetarischen Ernährung warnen?

Unumstritten ist, daß Vegetarier eine höhere Lebenserwartung haben, gesünder sind und weniger Medikamente einnehmen als ihre fleischverzehrenden Zeitgenossen – diese Tatsache lassen die Anhänger der Fleisch-Fraktion aber so nicht gelten. Ihre Einwände: Es ist nicht der Fleischverzicht, sondern die ernährungs- und körperbewußtere Lebensweise der Vegetarier, die ihnen weniger Krankheiten und mehr Lebensjahre beschert. Denn sie trinken kaum Alkohol, Zigaretten sind tabu, sie halten ihr Idealgewicht, treiben regelmäßig Sport und haben meist eine höhere Schulbildung, was wohl insofern gesundheitsrelevant zu sein scheint, als sie nicht alles kritiklos schlucken, was ihnen vorgesetzt wird. Und last but not least, so geben einige Hardliner in Sachen „Fleisch ist ein Stück Lebenskraft" stirnrunzelnd noch zu bedenken, wer weiß denn schon Genaues über das, was bei den „Hasenköstlern" hinter den Salatkulissen abgeht? Kann es nicht sein, daß sie heimlich unter dem Tischtuch am Kotelett nagen – denn immerhin ist nachgewiesen, daß die Lüge dem Menschen im Blut liegt, nicht aber die Unlust am Geschlachteten!

Die Hauptargumente für den Fleischverzehr liefern Vitamin B_{12} und der Eisengehalt des Fleisches. Lange Zeit wurde propagiert, fleischlose Ernährung führe zu Eisen- und Vitamin B_{12}-Mangel. Tatsächlich waren bei Veganern (nehmen keinerlei Nahrungsmittel, die von Tieren stammen zu sich, auch keinen Honig, und verwenden auch keine Gebrauchsartikel wie etwa Wolle oder Leder) vereinzelt solche Mangelerscheinungen aufgetreten. Allerdings kommen Eisenmangelzustände auch bei Fleischköstlern vor. Zudem ist es strittig, ob ein niedriger Eisenspeicher tatsächlich einen Mangel darstellt und gesundheitliche Nachteile bringt – derzeit wird diskutiert, ob weniger Depoteisen nicht sogar mit der

Grund dafür ist, daß Vegetarier seltener an Atherosklerose und Krebs erkranken. (Eisen produziert die sogenannten freien Radikalen, das sind instabile Sauerstoffmoleküle, die Körpergewebe angreifen und es zerstören.) Bei Vitamin B_{12} gibt es kein Wenn und Aber – ein Defizit kann zu ernsthaften Folgen führen, und die Zufuhr dieses Vitamins nur über Gemüse ist nicht möglich. Enthalten ist es außer in Fleisch, Fisch, Eiern und Milchprodukten in fermentierten Lebensmitteln wie Miso, Sauerkraut oder in Hefeextrakten, so auch im Bier. Es gibt Hinweise darauf, daß strenge Vegetarier im Laufe der Zeit die Fähigkeit wiedererlangen, im Darm synthetisiertes B_{12} in ausreichender Menge zu resorbieren – ein Thema mit vielen Unbekannten. Deshalb wird schwangeren Veganerinnen und strengen Vegetarierinnen geraten, vorsorglich Vitamin B_{12}-Präparate einzunehmen. Die Warnung gilt allerdings nicht für gemäßigte Vegetarier, die Milchprodukte zu sich nehmen.

Die ersten Studien zum Thema fleischlose Ernährung wurden über einen Zeitraum von 20 Jahren bei den Adventisten in Kalifornien erstellt. Das ist eine Glaubensgemeinschaft, die sich die ganzheitliche Gestaltung des Lebens auf die Fahne geschrieben hat, wonach der Mensch als eine Einheit von Körper, Seele und Geist und seine Gesundheit als wertvolles Gut gesehen wird. Demzufolge rauchen Adventisten nicht, sie trinken nicht und ernähren sich lacto-ovo-vegetarisch, das heißt auf ihrem Speisezettel stehen natürliche pflanzliche Nahrungsmittel, Eier und Milchprodukte. Weißmehl und Zucker werden gemieden. Später wurden Adventisten in Holland untersucht, genauso wie Vegetarier aller Kategorien in Deutschland auf Herz und andere Organe überprüft wurden – die Ergebnisse liefen alle darauf hinaus, daß im Vergleich zur Gesamtbevölkerung die zu erwartende Sterblichkeitsrate bei den Herz- und Gefäßkrankheiten um mehr als 50 Prozent verringert war, genauso wie bei Krebserkrankungen vor allem der Lunge und des Verdauungstraktes.

Auch wenn man geneigt ist, alle Statistiken anzuzweifeln, die man nicht selbst gefälscht hat, weil man weiß, daß sich problemlos ein plausibler Zusammenhang zwischen dem Verzehr von Spinat und eingewachsenen Zehennägeln herstellen läßt – eines aber läßt sich sicherlich nicht bestreiten: Eine ausgewogene vegetarische Ernährung wirkt sich nicht nachteilig auf die Gesundheit aus. Was Professor Dr. Claus Leitzmann von der Uni Gießen mit der Antwort auf die Frage „Wieviel Fleisch braucht der Mensch?“ auf den Punkt bringt: „Keines!“

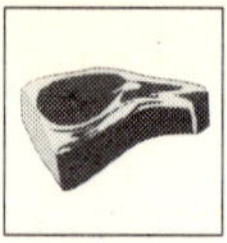

Kriegen Fleischesser Gicht?

„Der Dicke aber, – autsch! mein Bein!/ Hat wieder heut' das Zipperlein" – als Strafe für seine Freßorgie vom Vortag. So sieht Wilhelm Busch die Moral von der Geschicht' der menschlichen Völlerei.

Dem kann die moderne Wissenschaft im großen und ganzen beipflichten, denn nach den neuesten Erkenntnissen der Medizin reimt sich die Behandlung von Gicht heute immer noch auf Verzicht von Schlemmerei: Die Krankheit beruht zwar auf einer angeborenen, vererbbaren Stoffwechselstörung, wird aber ausgelöst bzw. verstärkt durchs Essen. Zu einem akuten Gichtanfall kommt es oft nach deutlich Zuviel an Speis und Trank. In Notzeiten, beispielsweise nach Kriegen, tritt die Krankheit nicht auf. Überzählige Pfunde, vulgo Fettsucht, bilden eine solide Grundlage für die Ausprägung des Übels. Als populärer Irrtum hat sich allerdings herausgestellt, daß das Zipperlein eine reine „Fleischfresser"-Krankheit ist und durch Kaffee, Tee und Schokolade gefördert wird.

Schuld an dieser Fehleinschätzung ist die Tatsache, daß diese Lebensmittel sehr viel Purine enthalten, die als die eigentlichen Auslöser der Gicht gelten. Die lebensnotwendigen Zellbausteine kommen in Mensch, Tier und Pflanze vor – quälend bemerkbar machen sie sich im gichtkranken Körper, wenn sie zu Harnsäure verstoffwechselt werden. Zuviel Purine erhöhen den Harnsäurespiegel im Blut; werden sie (wegen einer Ausscheidungsschwäche der Nieren) nicht abgebaut, fallen Harnsäurekristalle aus und lagern sich in Gelenken und Gewebe ab. In zwei Drittel aller Fälle kommt es zur ersten heftigen Schmerzattacke zuerst im Großzehengrundgelenk, aber auch andere Gelenke, Knochen und Bindegewebe können betroffen sein.

Zur Unterstützung der medikamentösen Behandlung sind Abspekken und eine purinarme Ernährung absolute „musts". Zudem ist Alkohol verboten, weil er die Harnsäureausscheidung hemmt. Die Diätgeplagten müssen sich ihre Lust auf Fleisch jedoch nicht gänzlich verkneifen und zu Vegetariern werden. Dieser Schuß könnte sogar nach hinten losgehen, denn eine Portion Erbsen beispielsweise enthält fast doppelt so viele Purine wie die entsprechende Menge Bratwurst. Wichtig ist also das „Gewußt-wo". Zudem sind Purine nicht gleich Purine – die in Kakao, Kaffee oder Tee enthaltenen sind völlig unbedenklich. Gabel weg heißt es für den Gichtkranken aber bei Innereien, Ölsardinen oder Hülsenfrüchten.

Warum essen wir keine Insekten?

Verstehe das, wer will – Lobster und Shrimps werden von der Schickeria und ihren Trittbrettfahrern als Statussymbole am liebsten in aller Öffentlichkeit geschlemmt, und die nahen Verwandten der Krustentiere, Insekten, werden, sofern sie sich in der Küche zeigen, dem Kammerjäger zum Fraß vorgeworfen. Schade eigentlich, denn vergiftet sind sie ungenießbar, würden die Vertreter von mindestens 3000 Volksstämmen sagen, bei denen die Krabbeltierchen auf dem Speisezettel stehen. Der Kakerlakenbestand einer gutbürgerlichen Kneipenküche würde genügend Eier und Larven für eine Suppeneinlage oder ein Küchenschaben-Risotto liefern. Igittigitt, pfui Teufel? Ekel ist nicht nur nicht angebracht, sondern völlig unverständlich, kann man da nur einem Volk sagen, das schleimige Schnecken und glibbrige Austern zu sich nimmt. Vieles spricht dafür, daß unsere Abneigung gegen Heuschrecke und Co. angelernt ist, wie die Ernährungspsychologin Alexandra W. Logue erforscht hat: „Ekelerregend sind Nahrungsmittel zum großen Teil aufgrund des direkten oder indirekten Erlebens von Reaktionen anderer Menschen auf diese Lebensmittel. Wenn beispielsweise Kinder älter werden und eine größere Erfahrung mit den Reaktionen der Erwachsenen auf potentielle Nahrungsmittel wie Insekten, die von Erwachsenen oft als ekelhaft behandelt werden, erwerben, so behandeln sie diese potentiellen ‚Lebensmittel' selbst als ekelerregend." Termitenauflauf oder Stinkwanzen-Paté sind also nur eine Frage der Gewöhnung, die sich aber bei erwachsenen Semestern schwer herstellen läßt, denn Mensch und Tier leiden an einer Krankheit namens „Neophobie", die sich als Furcht vor allem Neuen oder – im speziellen Fall ohne einen Berufsstand zu diskriminieren – mit dem Spruch „Was der Bauer nicht kennt, frißt er nicht" übersetzen läßt. Sicher ist, daß es kein Insektenekel-Gen gibt, sprich: es gäbe diverse Wege, gewisse Nahrungsmittelaversionen zu überwinden oder zu überlisten. Der Extremreisende Rüdiger Nehberg nennt eine Möglichkeit: „Wer sich vor der Spinne ekelt, ist noch nicht hungrig genug." In der Not frißt nicht nur der Teufel Fliegen, sondern auch der Mensch. Um ihm mit List und Tücke ein erstes Gliederfüßlermahl nahezubringen, bietet sich jedes Gericht an, bei dem die tierischen Ingredienzien bis zur Unkenntlichkeit zermatscht oder eingebacken wurden, zum Beispiel eine Suppe mit pürierten Libellenlarven oder ein Wolfsspinnen-Spinatauflauf. Von Geschmack und

Aroma her werden die Testesser begeistert sein, da lassen die Krabbler nichts zu wünschen übrig: Termiten schmecken nach Nüssen, Stinkwanzen nach Apfel, die Larven von Eintagsfliegen nach Fisch, Ameisen süß und ein bißchen nussig, Wespen nach Tannenzapfen, Mehlwürmer nach Weizenbrot und Holzwürmer nach Mandeln – um nur eine kleine Auswahl zu nennen. Vom rein rationalen Gesichtspunkt her müßte jeder ernährungsbewußte Kalorienzähler noch einen Nachschlag verlangen: Der Eiweißgehalt steht dem anderer Fleischmahlzeiten in nichts nach und ist von hoher Qualität, je nach Gewichtslage kann man wählen zwischen Tierchen mit niedrigem oder hohem Fettgehalt, wobei die Fette einen bemerkenswerten Gehalt an den hochgeschätzten ungesättigten Fettsäuren haben, vergleichbar mit denen von Fisch und Geflügel. Vitamine und Mineralstoffe ergänzen das Angebot an essentiellen Nährstoffen. Wer den Ekel aus- und die Vernunft einschalten kann und dazu noch Kaviar mag, muß sich auch ganz ernsthaft fragen, warum er die Eier von in und auf dem Wasser lebenden Insekten, wie beispielsweise Ruderwanzen, verschmähen sollte – sie schmecken fast genauso wie die begehrten Fischeier. Am Aussehen und an der Form kann's nicht liegen, vielleicht liegt's am Preis – wären Termiteneier so teuer wie Kaviar oder hätten Mehlwürmer das Image von Krabben, wären die exklusiven Zirkel der westlichen Welt ganz schnell um einen Gaumenkitzel reicher. Auch Streicheltierfreunden wäre gedient; Larven, Maden, Puppen und ausgewachsene Insektenexemplare sind mindestens so wertvoll wie ein kleines Steak – wenn in deutschen Küchen statt Rostbraten Fladen aus Mottenlarven in der Pfanne brutzeln würden, hätte sich das Problem mit der tierquälerischen Massentierhaltung von selbst erledigt. Um Ressourcen und Abwechslung brauchten wir uns nicht zu sorgen – in Deutschland fliegen und krabbeln 30 000 verschiedene Arten von Insekten, weltweit schätzt man den Bestand auf 3 bis 30 Millionen Arten. Vom Aussterben werden sie auch nicht bedroht sein – sie haben 200 Millionen Jahre mehr auf dem Chitinpanzer als der Mensch. Es gibt viel einzusammeln – braten wir's an?

Essen die Japaner tatsächlich giftige Fische?

Ja. In den besten unter den japanischen Spezialitätenrestaurants, in die man oft nur auf Empfehlung reinkommt, den Kaisaki-

oder Fugu-Restaurants wird er serviert: Der Kugel- oder Igelfisch aus der Gattung der Tetraodontidae, gegen dessen tödliches Gift es kein Gegengift gibt. In Deutschland ist der Verkauf sämtlicher Kugel-, Igel- und Sonnenfischarten – es gibt etwa 50 davon – verboten. In Japan brauchen die Inhaber und Köche der spezialisierten Restaurants eine besondere Lizenz, die ihnen die Zubereitung der Fugu-Fische, wie sie im Land der aufgehenden Sonne genannt werden, erlaubt. Deshalb ist das Risiko, sich in lizenzierten Räumen eine tödliche Fischvergiftung einzufangen, recht gering. Wer sich das exklusive Ambiente nicht leisten kann und trotzdem von der Delikatesse naschen will, spielt Russisches Roulette: In Japan sterben jährlich zwischen 100 und 200 Feinschmecker an den von unkundiger Hand zubereiteten Leckerbissen. Der kaiserlichen Familie kommt das Igelfischfilet übrigens nicht zwischen die Stäbchen – bei Hofe darf Fugu nicht serviert werden.

Das Gift (Tetrodotoxin) konzentriert sich – je nach Art – in den Eierstöcken, Hoden, in der Leber und im Rogen der Fische. Diese Teile müssen beim Ausnehmen unversehrt entfernt werden, damit sich austretendes Gift nicht in Blut und Muskelfleisch verteilen kann. Weibliche Fische sind giftiger als männliche, und zur Laichzeit entwickeln sich die höchsten Giftkonzentrationen.

Tetrodotoxin wird über die Mundschleimhaut aufgenommen, das bedeutet, wer beim Spiel mit dem Feuer Pech hat, stirbt schnell – etwa eine Viertelstunde nach dem Gaumenkitzel tritt der Tod ein. Starker Blutdruckabfall, Prickeln auf der Haut, Schwierigkeiten, seine Bewegungen zu kontrollieren und ein Gefühl der Leichtigkeit sind die Vorboten des Todes, der bei weit über der Hälfte aller Vergiftungen eintritt.

Stimmt es, daß die Chinesen uralte, verdorbene Eier essen?

Nein. „Tausendjahr-Eier“ sind eine chinesische Spezialität, die maximal sechs bis zehn Wochen alt ist. Der Name und die damit verbundenen Assoziationen würden viel eher auf unsere „Frischeier“ zutreffen, die vor 1995 dank Kühlhauslagerung sechs bis 10 Monate auf der Schale haben konnten, bevor sie in Pfanne oder Eierbecher landeten. Nach der neuen Hühnereier-Verordnung dürfen sie nunmehr nur innerhalb von 21 Tagen nach dem Legen an den Verbraucher abgegeben werden. Da das Huhn ihnen beim Legen keinen Stempel aufdrückt, können wir sicher sein, daß die eine oder andere Lieferung aus der Legebatterie älter ist, als „Tausendjahr-Eier" es sind. Bei einer anderen, zu Großmutters Zeiten häufig praktizierten Konservierungsmethode essen wir unter Umständen elf Monate alte Eier – so lange halten sie sich, wenn man sie in Kalkwasser einlegt. Mit Kalk hat auch das Verfahren zu tun, mit dem die Chinesen ihr Schmankerl zum späteren Verzehr vorbereiten: Rohe Enteneier werden in kalkhaltigen Lehm gelegt und darin etwa zwei Monate belassen. Während dieser Zeit ziehen diverse Lehmbestandteile durch die Schale ins Eiklar und Eigelb und bewirken deren besonderes Aussehen und die Konsistenz: Aus der Schale gepellt, sind sie cremig wie Wasserpudding, und wenn die Chemikalien des Lehms vollständig durchgezogen sind, ist das „Tausendjahr-Ei" leicht transparent und leuchtend blau-grün. Als richtig gelungen gilt ein Stück, wenn die Farben changieren wie bei einem Opal. Auch vom Geschmack her ist das Ei kein Ei mehr: Was auf der Zunge zergeht wie zu hart gefrorene Eiscreme und bleischwer im Magen liegt, hat für chinesische Gaumen ein wunderbar angenehmes Fischaroma. So viel zur „Tausendjahr-Ei"-Geschmackseinschätzung durch Verklärte. Eine Frankfurter Feinschmeckerin hingegen hat mit leicht angewidertem Gesichtsausdruck glaubhaft vorgetragen, die chinesische Delikatesse sei – in welchem Kanton Chinas auch immer man sie esse – total versalzen und schmecke nach modrigen Baumstümpfen. Was für jeden, der seine Nase schon mal an einen Lehmklumpen gehalten hat, leicht nachriechbar ist. Allen, die die Sache jetzt austesten wollen, sei gesagt: Enteneier dürfen nach dem deutschen Lebensmittelgesetz bei uns nicht verkauft werden.

Ungebetene Gäste in Küche und Keller

Wer viel schimmliges Brot ißt, bekommt weiße Zähne und wird alt. Es muß aber selbstgebacken sein.

Volksweisheit
(aus: „Speis und Trank in Aberglauben")

Wie giftig sind Schimmelpilze?

Unter dem Mikroskop, bei etwa 100facher Vergrößerung, sind Schimmelpilze nett anzusehen: Auf haarfeinen Stielen thronen wollige Köpfchen, die sich zusammenkuscheln, oder weitausladende gelbe Blütendolden ergießen sich über weißem Rasen – Bilder wie in einer ungewöhnlich gestalteten Blumenrabatte.

In der unvergrößerten Wirklichkeit, auf faulenden Früchten und im Marmeladenglas, sind Schimmelpilze ein bis zwei Millimeter lang, einzelne Rasenteile können jedoch auch auf mehrere Zentimeter Länge heranwachsen. Nicht nur in der Mikroaufnahme kann man die Form der giftigen „Pflänzchen" gut unterscheiden und erkennen, daß die Form ausschlaggebend bei der Namensfindung war. Wer vor einem Urlaub vergessen hat, seine verderblichen Lebensmittelbestände zu entsorgen, kann – ein entsprechendes Interesse vorausgesetzt – interessante Unterschiede feststellen: In Küche und Vorratskeller am häufigsten anzutreffen ist der Köpfchenschimmel (Mucor) – seine Fruchtkörper sind rund und schwarz. Zu entdecken ist er auf Schwarzbrot und reifem (faulendem) Obst. Der Gießkannenschimmel (Aspergillus) hat seinen Namen von den Sporen, die, wie zu Ketten aufgefädelt, am Ende des Fruchtkörpers hängen. Es gibt ihn in Gelb, Grün, Schwarz und Weiß auf Brot, Eingemachtem, Marmeladen, Gelees und Nüssen. Die Sporen des Pinselschimmels (Penicillium) wachsen ebenfalls in Strängen aus dem Fruchtkörper heraus – wie der Name schon sagt, in Pinselform. Die ordinären Arten, die sich beispielsweise von Früchten ernähren, haben vornehme Familienmitglieder, die im Käse und als Medikament Karriere gemacht haben: Ohne Penicillium camemberti werden Camenbert und Brie weder weich, noch hätten sie ihre weiße Rinde, und Penicillium roqueforti macht den Roquefortkäse zum – wie Feinschmecker behaupten – besten Edelpilzkäse. Auch Stilton und Gorgonzola gehörten ohne ihn nicht zu den Eliten unter der Käseglocke. Ein anderer Penicillium-Abkömmling, Penicillium notatum, produziert eine Substanz, die nach ihrer Entdeckung durch Alexander Fleming als Wunderwaffe gegen Infektionen in die Medizingeschichte einging und bis heute unzählige Menschenleben gerettet hat: Penicillin.

Wie die großen Verwandten in Feld, Wald und Flur sind Schimmelpilze Mehrzeller, die sich mittels Sporen vermehren. Der Pilzrasen, der uns auf der überalterten Fleischwurst entgegensprießt, ist botanisch gesehen der Fruchtkörper oder das Fortpflanzungsorgan des Pilzes – verglichen mit Champignon und Steinpilz ist es der eßbare Teil, vom Sammler auch Hut und Stiel genannt. Das eigentliche Pilzpflänzchen treibt's im Verborgenen, es breitet sein weit verzweigtes Fadengeflecht (das Myzel) im Nährboden, also im Brot oder im Pflaumenkompott aus. Ein Lebensmittel kann bereits schimmeln, bevor wir das mit bloßen Auge erkennen können – im Anfangsstadium des Schimmelbefalls ist der Fruchtkörper noch nicht gut sichtbar ausgebildet. Was man nicht sieht, kann man schmecken: Angeschimmeltes schmeckt – je nach Inhaltsstoffen – stockig, modrig, ranzig, muffig.

Zu Großmutters Zeiten glaubte man noch, der eklige Geschmack sei das einzige, was der Schimmelpilz an Schaden verursacht, schnitt die befallene Stelle aus dem Brot und aß den Rest. Nach heutigen Erkenntnissen ist das angeschimmelte Lebensmittel ein Fall für den Mülleimer. Die Gifte der Schimmelpilze werden im Myzel gebildet und können das ganze Lebensmittel durchdringen – mit Ausnahme von Gelees und Marmeladen: Bei Lebensmitteln mit hohen Zuckergehalten (mindestens 50 Prozent Zucker) kann der Schimmelpilz keine Gifte erzeugen. Da genügt es, wenn man die befallene Stelle großzügig etwa zwei Zentimeter tief abträgt.

Die gefährlichsten Gifte produzieren die Aspergillus- und Penicillium-Abkömmlinge, allen voran der Gießkannenschimmel Aspergillus flavus. Besonders die Aflatoxine haben in den letzten Jahren im Zusammenhang mit belasteten Lebensmitteln zweifelhaften Ruhm erlangt. In unseren Landen warnte das Bundesinstitut für gesundheitlichen Verbraucherschutz und Veterinärmedizin (BgVV) vor kurzem vor verschimmelten Pistazien aus dem Hauptimportland Iran – da für die grünen Kerne keine Herkunftsbezeichnung vorgeschrieben ist, wurde generell zur Vorsicht beim Einkauf und Verzehr nicht gekennzeichneter Ware geraten. Dort, wo man keinen Verbraucherschutz kennt und essen muß, was sich anbietet, ist es wiederholt zu Todesfällen durch Aflatoxinvergiftungen gekommen. Zum ersten Mal erkannte und registrierte man Aflatoxinvergiftungen im Jahre 1960. Über 100 000 Truthühner gingen ein, nachdem sie mit verschimmelten Erdnüssen gefüttert worden waren. In Indien starben im Jahre 1974 mehr als 100 Menschen, nachdem sie mehrere Tage lang verschimmelten Mais gegessen hatten. In China konnte man in Distrikten mit überdurchschnittlich vielen Leberkrebserkrankungen als Ursache vergifteten Mais und Weizen feststellen. Erste Anzeichen einer Vergiftung sind Erbrechen, Fieber und

Appetitlosigkeit, die sich zu einer schweren Leberentzündung und später zu Leber-, Nieren- und Magenkrebs ausweiten kann.

Trotzdem wird es in unseren Gefilden kaum zu schweren Vergiftungserscheinungen kommen, da wohl kaum jemand ohne Not muffig schmeckende Lebensmittel wie Nüsse oder Feigen in größeren Mengen verzehren wird. Wenn man von dem in den eigenen vier Wänden produzierten Schimmel absieht, haben unsere Lebensmittelüberwachungsbehörden ein strenges Auge auf importierte und von Pilzgiften gerne heimgesuchten Nahrungsmittel.

Was man wissen muß, um vorzubeugen: Schimmelpilzsporen, wie auch viele Millionen andere Mikroben tummeln sich allzeit auf unseren Lebensmitteln. Ob sie sich bis zu gefährlichen Mengen vermehren können, hängt von der Art der Aufbewahrung ab. Schimmelpilze mögen's feucht-warm. Bei Temperaturen zwischen 15 und 45 Grad fühlen sie sich am wohlsten und vermehren sich dementsprechend schnell. Da die Schimmelpilze zum Gedeihen Luft brauchen, hilft schon eine luftdichte Verpackung, dem Befall vorzubeugen.

Was tun gegen Lebensmittelmotten?

Zum Schrecken jeder Hausfrau nisten sich Lebensmittelmotten in letzter Zeit wieder vermehrt bei uns ein. Vielerorts, vor allem in Haushalten mit gut gefüllten Speisekammern oder Vorratsschränken, sind sie sogar zu einer regelrechten Plage geworden.

Manche entdecken den Befall erst, wenn sich kleine Raupen an den Küchenfliesen hochschieben, andere wundern sich über Gespinste in der Tüte mit den Haferflocken oder über leere, offene Puppenhüllen in dunklen Ecken. Den Anfang macht zumeist ein unscheinbarer, beigebrauner Falter, der, angelockt durch Licht, in Haus oder Wohnung geflattert kommt. Wenn man ihn entdeckt, kann man ihm zwar mit der Fliegenklatsche den Garaus bereiten, aber damit ist das Problem aller Wahrscheinlichkeit nach nicht erledigt. Vor seinem Ableben kann das Tierchen nämlich seine Eier – bis zu 300 Stück – bereits deponiert haben. In vielen Fällen werden die Motteneier auch durch verunreinigte Lebensmittel ins Haus geschleppt. Verhindern kann man letzteres kaum – wer untersucht schon beim Einkauf Nüsse, Nudeln oder Hülsenfrüchte auf Motteneier? Ein Indiz fürs Vorkommen können allerdings Falter sein, die sich an den Schaufensterscheiben oder an den Beleuchtungskörpern in den Geschäften tummeln.

Von Motten verunreinigte Nahrung darf auf keinen Fall gegessen werden. Kot, Milben und Pilze der Insekten können zu allergischen Reaktionen und Erkrankungen der Verdauungsorgane führen. Einen Befall erkennt man an winzig kleinen Eiern (ca. 0,6 mm), an Verklumpungen und klebrigen Gespinsten im Lebensmittel. Jede Mottenart hat ihr bevorzugtes Futter. Mehl, Nüsse, Nudeln, Reis, Kakao, Brot, generell alle Getreideprodukte werden von den Larven der Mehl- und Kornmotten als Futterquelle geschätzt; die Dörrobstmotte legt ihre Eier, wie der Name schon sagt, in getrocknetes Obst, Rosinen, Feigen, Datteln. Dabei macht ihre Freßlust auch nicht Halt vor Trauben-Nuß-Schokolade oder Pralinen. Eine nahe Verwandte der Mehlmotte, die Speichermotte, geht sogar an Zigaretten, wenn sie unparfümiert sind.

Ist die Raupe erwachsen (Länge ca. 1 cm), verläßt sie ihre Nahrungsquelle und beginnt zu wandern. Sie sucht nach einer Ritze oder einem anderen geschützten Winkel, in dem sie sich verpuppen kann. Ideale Brutstätten sind feuchtwarme Plätzchen – beispielsweise ein Vorratsschrank im beheizten Raum. Auch der Bilderrahmen im Wohnzimmer, ein Stück lose Tapete, die Unterseite von Schubladen, die Rückseite von Schränken, selbst Wandverkleidungen werden gerne als Versteck genommen. Wurde erstmal ein Kokon entdeckt, kann man ganz sicher sein, daß sich noch Dutzende anderswo finden lassen. Das heißt, die Bekämpfung des Ungeziefers erfordert viel Zeit und vor allem systematisches Vorgehen.

Vorbeugen

- Lebensmittel aus Tüten und Pappkartons in festschließende Behältnisse (Gläser mit Gummiring) umfüllen.
- Auf kühle, trockene Lagerung achten. Bei Temperaturen unter +10 Grad können sich die Tiere nicht vermehren.
- Vorratsschränke in beheizten Räumen regelmäßig mit Essigreiniger feucht auswischen. Schrankpapier entfernen, weil es genau wie lose Tapeten idealen Platz zum Verpuppen bietet.
- Getrocknetes Brot gleich verwerten und nicht lange im Brotkasten liegen lassen. Den Kasten zur Reinigung aussaugen.
- Fenster im Vorratsraum mit einem Fliegengitter versehen und die Lebensmittel regelmäßig kontrollieren.

- Nelken-, Lavendel- und Pfefferminzduft vertreibt die Vorratsmotten. Im Handel gibt es fertige Duftmischungen zu kaufen.

Bekämpfung

- Alle Vorräte kontrollieren. Befallene Lebensmittel sofort beseitigen.
- Hinter Bildern, Wandbehängen, in allen Ecken und Fugen nach verpuppten Raupen suchen und vernichten. Schlecht zugängliche Ritzen mit dem Staubsauger absaugen. Auch mit einem starken Fön kann man solche Stellen bearbeiten – Heißluft bringt die Tiere um.
- Chemische Mittel, zum Beispiel aus der Sprühdose, schaden eher den Menschen als den Tieren. Motteneier überleben die chemische Attacke.

Zum Schluß noch ein kleiner Trost. Wenn die Vorräte von Motten befallen sind, weiß man wenigstens, daß die Ware naturrein ist, also nicht mit Chemie angereichert wurde. Der Verbraucherwunsch nach mehr Natur ist auch ein gefundenes Fressen für die Motten.

Erfrischung gefällig?

Der Kaffee ist ein viel stärkeres Getränk, als man allgemein glaubt. Ein kräftiger Mann kann täglich zwei Flaschen Wein trinken und dabei sehr alt werden – dieselbe Menge Kaffee hielte er nicht lange aus; er würde stumpfsinnig oder stürbe an Auszehrung. Ich habe in London auf dem Leicesterplatze einen Mann gesehen, den hatte ein Unmaß von Kaffeegenuß zum Krüppel reduziert; er litt nicht mehr, er war an seinen Zustand gewöhnt und beschränkte sich nun auf 5–6 Tassen täglich.

Brillat-Savarin

Fit durch Fitness-Drinks?

Mit einfachem Wasser kann man den Durst prima löschen. Mit einer cleveren Werbekampagne kann man ihn schön und teuer machen. Deshalb vermischen die Getränkehersteller ihre Wasserkreationen mit Zeitgeist und witzigen Sprüchen, stylen das Ganze gut durch und benennen es nach den Eigenschaften, die der Käufer gerne mitschlucken würde: Fitness-, Wellness- und Energy-, zusammengefaßt „Functional-Drinks". Der Markt boomt. Deutschland belegt in der europäischen Verbrauchsstatistik nach Österreich den zweiten Rang in der Gruppe dieser Neuentwicklungen. Allein von den Sportgetränken (Iso- oder Fitness-Drinks) wurden im vergangenen Jahr 235 Millionen Liter an den echten und verhinderten Crack gebracht. Der bezahlt bis zu fünf Mark pro Liter für mit Kohlenhydraten (Zucker), Elektrolyten (Mineralstoffe) und Vitaminen angereichertes Wasser, also für vitaminisierte Limonade. Die Ernährungswissenschaftler stellten fest, daß weder der Spitzen- noch der Hobbysportler einen „Sport-Drink" braucht. Wer beim Joggen oder im Fitness-Studio ins Schwitzen kommt, muß lediglich seinen Wasserverlust ausgleichen. Dazu eignet sich Leitungswasser hervorragend. Wem das nicht schmeckt, tut sich und seinem Geldbeutel mit einem Saftschorle (Obst- oder Gemüsesaft mit Mineralwasser im Verhältnis 1:5) viel Gutes. Wer zum Zwecke des Abspeckens in die Pedale tritt und glaubt, sein geplagter Body mache ohne Fitness-Drink schlapp, sollte allerdings einen Zahn zulegen, sonst trinkt er seine Kalorien schneller, als er sie loswerden kann – 1 Liter „Sport-Drink" hat bis zu 390 kcal. Um die wieder abzubauen, muß man sich ganz schön abstrampeln: Bei einer halben Stunde lockerem Radfahren verbraucht ein Freizeit-Sportler gerade mal so etwa 200 Kalorien. Nur bei starker körperlicher Belastung von ein bis drei Stunden halten die Ernährungsphysiologen eine Kohlenhydratgabe für sinnvoll, dann aber in anderer Form und Zusammensetzung als mit den handelsüblichen, flüssigen „Fitmachern". Elektrolytgetränke braucht selbst ein Boris Becker nach drei Stunden Spitzentennis noch nicht. Wenn ihn die Kräfte und die Mineralstoffe verlassen, beißt er vor den Augen von Millionen Zuschauern in den völlig natürlichen Energieriegel Banane.

In der Disco zu 150 Beats pro Minute und auf dem Schulhof holen sich die Teenies ihre Power aus der Dose mit dem „Energy-Drink". Der verleiht nicht nur den Konsumenten Flügel, sondern läßt auch die Umsatzzahlen abheben. Im rasanten Höhenflug erreichte der Verbrauch im letzten Jahr die stolze Zahl von 35 Millionen Litern, wobei der Trendsetter „Red Bull“ davon den Löwenanteil bildete. Wie bei den „Fitness-Drinks“ wird auch bei diesem Modegetränk die versprochene „Energy“ in Form von Zucker geliefert. Hierin unterscheiden sich die „neuen“ kaum von den herkömmlichen Cola- und Limonadegetränken. Pro 250 Milliliter-Dose ziehen sich die Jugendlichen durchschnittlich 120 Kalorien rein. Den „ultimativen Kick“, den die Werbung verspricht, bringt das Koffein. Wie beim Lieblingsgetränk der Deutschen, dem Kaffee, sind es – Tasse wie Dose – zirka 80 Milligramm, die den Kreislauf in kurzer Zeit von Null auf 180 tunen. Eltern, die ihre Sprößlinge vor übermäßigem Konsum und den damit verbundenen Kreislaufproblemen warnen, müssen sich ebenso kritisch in die eigene Tasse schauen lassen. Ab sechs Dosen „Energy-Drink“ beziehungsweise sechs Tassen Kaffee schlägt das junge wie das alte Herz staccato, weil die kritische Menge von 500 Milligramm Koffein überschritten wird.

Weitere Inhaltsstoffe wie Taurin und Guaranaextrakt halten im Körper keineswegs das, was sie auf der Dose versprechen. Sie steigern weder die Leistung noch das Allgemeinbefinden, sind dafür aber in den zugesetzten Mengen genauso unschädlich wie wirkungslos. Das namengebende Wundermittel Taurin (vom griechischen tauros = Stier) ist kein essentieller Nährstoff, wie die Werbebroschüren versprechen, sondern eine Substanz, die der Körper aus Eiweißbausteinen selbst bilden kann. Ein wenig zuviel oder zuwenig dieses Stoffes bewirkt in erster Linie gar nichts. Die Wirkung des anderen Wunderpulvers, Guarana, ist längst nicht vollständig erforscht. Ein Bestandteil ist Koffein, was sonst noch Wirkung zeigen könnte, sind Saponine, die auch in Linsen und Spinat vorkommen. Hochdosiert sind sie kritisch – welche Menge wo und weshalb wirkt und wie gut bekommt, wird zur Zeit noch erforscht. Die Ernährungswissenschaftler kommen zu dem Schluß, daß „Energy-Drinks“ zwar ihre Versprechungen nicht halten können, aber auch Verunglimpfungen wie „Einstiegsdroge“ oder „legales Doping“ nicht verdient haben. Ansonsten gilt: Hauptsache, man glaubt an die versprochenen Wunder und es schmeckt, was bei einem Literpreis von zwölf Mark eigentlich auch drin sein müßte.

Macht Tee klüger?

Ganz ohne wissenschaftliche Begründung adelten die Japaner ihr Kultgetränk schon vor über 2000 Jahren. Mit den Worten „Sie haben Tee in sich" verbeugt man sich im Land der aufgehenden Sonne damals wie heute vor einem Menschen, der durch seine hohe Intelligenz, seine ästhetische Empfindsamkeit, durch außergewöhnliche Kreativität und Lebenserfahrung beeindruckt. In China, der Heimat von Teestrauch und Reiswein, fiel dem berühmten Philosophen Tschin-mung noch eine andere löbliche Eigenschaft des geistigen Getränks auf: „Tee ist besser als Wein, denn er beschert keinen Rausch." Nicht nur das. Als der Tee um 1650 in England seinen Einzug bei Hofe hielt, tat er dies vorrangig in seiner Funktion als Heilmittel. Vor Kopf- und Augenschmerzen sollte das kuriose Kraut die adligen Ladies und Gentlemen bewahren und dazu noch Gicht und Rheumatismus heilen. Um den Unterschied zwischen Einbildung und Wirklichkeit herauszufinden, zerbröselten die Gelehrten Mitte des 19. Jahrhunderts das Teeblatt mit wissenschaftlicher Akribie im Reagenzglas und fanden tatsächlich biochemische Erklärungen für die weisen Worte der Asiaten und die Loblieder europäischer Teeliebhaber.

Verantwortlich für die belebende Wirkung Tees ist – jeder weiß es – unter anderem das Koffein. Exakt der gleiche Stoff, der Kaffeetrinker nach wenigen Schlucken von Null auf Hundertachtzig putscht. Allerdings ist es beim Tee wie beim Auto. Erst die Extras bringen den eigentlichen Pfiff. Während das pure Koffein des Kaffees bereits im Magen sehr schnell resorbiert wird und so fast schockartig direkt auf den Herzmuskel einwirkt, kommt das Tee-Koffein (früher auch Thein genannt) wesentlich langsamer, dafür aber mit weiteren wirkungsvollen Substanzen zur Sache. Gebunden an Gerbstoffe, die bekanntesten sind Catechine und Tannine, geht das Tee-Koffein den Weg jedes festen Nahrungsmittels – es wird „verdaut", also erst vom Darm aus in die Blutbahn eingeschleust. Ein anderer Inhaltsstoff, Theanin, bremst genau die negative Wirkung des Koffeins, die Kaffeetrinker so hektisch werden läßt. Das und weitere Stimmungs- und Muntermacher wie beispielsweise Theophyllin, das unter anderem auch noch leicht harntreibend wirkt und die Bronchien entspannt, machen die Geheimnisse des Tee-Erfolges aus: Der Kreislauf wird sanft, aber nachhaltig angeregt, die Gehirndurchblutung verstärkt und der Gehirnstoffwechsel erhöht. Wem als Beweis die geistigen Hochleistungen der Teetrinker und Poeten Goethe, Shaw, Fontane, Ibsen oder Edgar Wallace nicht genügen, den überzeugen vielleicht entsprechende Versuchsergebnisse. Nach dem Genuß von Tee konnten Testpersonen besser und schneller addieren, auswendig lernen, lesen, reimen, zeitschätzen, assoziieren und abstrahieren. Zudem konnten sie Empfindungen und Eindrücke besser differenzieren, nahmen insgesamt lebhafter am Geschehen ihrer unmittelbaren Umgebung teil, und es fiel ihnen leichter, sich länger zu konzentrieren.

Wen jetzt nach einem Tässchen Tee dürstet, sollte allerdings – damit die Enttäuschung nicht zu groß wird – noch eines wissen: Egal, welche Mengen man zu sich nimmt – Tee macht aus einem Narren keinen Weisen. Seine Inhaltsstoffe bringen nur das auf Vordermann, was ohnehin schon da ist und ab und zu halt gerne mal ein bißchen vor sich hinschlummert.

Grüner Tee für ein langes Leben und gegen Krebs?

In den letzten zwanzig Jahren haben japanische und immer öfter auch deutsche Wissenschaftler tief und intensiv in die Teetasse geschaut. Das Ergebnis: Studie für Studie wird Grüner Tee immer gesünder und sogar wieder seiner ursprünglichen Bedeutung zugeführt – bei den alten Chinesen, die das Teetrinken „erfunden“ haben sollen, wurde ein Aufguß der gedämpften, unfermentierten Blätter des Teestrauchs nicht als Genuß-, sondern als Heilmittel geschlürft.

Anlaß für den Teeanalyse-Boom war die Tatsache, daß in Japan die Lebenserwartung ungewöhnlich hoch ist. Mit durchschnittlich fast 80 Jahren erreichen die Japaner das weltweit höchste Lebensalter für die gesamte Bevölkerung. Man glaubt, die Gründe dafür in den unterschiedlichen Ernährungsgewohnheiten gefunden zu haben – wobei besonders auffällig ist, daß der Japaner deutlich weniger Fett verzehrt als der Europäer oder Amerikaner und große Mengen von Grünem Tee trinkt. Im Chemielabor machte man sich demnach über das japanische Kultgetränk her und filterte sein gesundheitsförderndes Geheimnis heraus: Es schmeckt, wie jede Medizin, bitter, heißt Epigallocatechin Gallat und ist eines von vielen Catechinen, zu deutsch Gerbstoffen. Die schwimmen zwar auch im Schwarztee, haben aber durch die andere Aufbereitungsmethode andere Eigenschaften: Teeblätter, die für den

Schwarztee vorgesehen sind, werden nach dem Welken fermentiert. Das geschieht, indem die Blattzellen gerollt und dadurch aufgebrochen werden. Der austretende Zellsaft kommt mit Sauerstoff in Berührung, wodurch ein Oxidations- und Gärungsprozeß eingeleitet wird. Die natürlichen Inhaltsstoffe werden durch diesen Prozeß in Menge und Art verändert, das sortentypische Aroma und der Schwarzteegeschmack bilden sich heraus.

Die Teeblätter für den Grüntee werden nicht aufgebrochen und fermentiert, sondern nur gedämpft und geröstet. Das inaktiviert die pflanzeneigenen Enzyme und verhindert damit eine Gärung – der Tee bleibt grün und die Inhaltsstoffe bleiben so gut wie unverändert. Neben zahlreichen Vitaminen und Mineralstoffen sind das die oben erwähnten Catechine, die sich als Radikalenfänger oder Antioxidantien einen guten Namen gemacht haben. Professor Gerhard Uhlenbruck am Institut für Immunbiologie der Uni Köln, der eine Studie zum Grünen Tee herausgebracht hat, beschreibt ihre Wirkung so: „Schädliche Stoffwechseleinflüsse an den einzelnen Zellen des Körpergewebes werden abgeschwächt. Diese antioxidativen Effekte der Grüner Tee-Catechine verhindern die Oxidation von bestimmten Fetten, was für die Entstehung der Arteriosklerose bedeutsam ist. Außerdem verhindern sie die Oxidation von Zellkern- und Zellwandbestandteilen, wodurch letztlich das Risiko, an Krebs zu erkranken, vermindert wird." Die Pharmaindustrie reagierte auf diese Nachricht prompt mit einer Pille. Seit September letzten Jahres gibt es das angeblich Gute des Grünen Tees als Extrakt konzentriert in einer dunkelgrünen Kapsel, einzunehmen dreimal täglich von allen, die sich nicht die Zeit für ein gemütliches Tässchen Tee nehmen können oder wollen. Bleibt nur zu hoffen, daß das Grüne vom Tee für den Verbraucher auch das Gelbe vom Ei ist. Wo man doch gerade dabei ist, warnend den Zeigefinger gegen Vitaminpillen zu heben. Pillen und Pulver mit isolierten Nahrungsbestandteilen können den Wirkstoff-Cocktail von Naturprodukten nicht nur nicht ersetzen, sondern ernsthaft schädlich sein, warnen Ernährungswissenschaftler.

Wie's nach dem Studium einschlägiger Tee-Literatur aussieht, sind die chemisch analysierten Inhaltstoffe des Grünen Tees so oder so nicht die Summe des Ganzen. Analysiert man dazu noch die Worte des chinesischen Mönches L T'ung, so wird das hellgrüne Lebenselixier seine lebensverlängernde Wunderwirkung wahrscheinlich nur in denen entfalten, die daran glauben: „Während die erste Tasse Tee die Lippen befeuchtet, die zweite meine Trauer vertreibt, die dritte mein Inneres durchforscht, fange ich bei der vierten an zu schwitzen, so daß alles Schlechte ausgeschieden wird. Bei der fünften Tasse bin ich gereinigt, die sechste bringt mich der Unsterblichkeit nahe, doch die siebte Tasse – oh, sie läßt mich den Hauch des Windes fühlen, der mich zu den Inseln der Unsterblichkeit trägt."

Nachdenklich stimmen sollte auch die Tatsache, daß die Japaner noch vor etwa 50 Jahren eine durchschnittliche Lebenserwartung von nur 50 Jahren hatten. Obwohl sie früher schon Grünen Tee tranken, gehörten sie zu den Völkern mit einer hohen Magenkarzinom-Rate! Ihre bis heute rasant gestiegene hohe Lebenserwartung schreibt man zum einen der besseren medizinischen Versorgung und zum anderen ihrer Ernährung zu, die sich im Verhältnis zu Deutschland (40 Prozent) durch einen deutlich geringeren Fettanteil von 25 Prozent auszeichnet. In Bezug auf die rückläufige Magenkrebsrate der Japaner werden auch die geänderten Verarbeitungsmethoden von Reis diskutiert. Der in der japanischen Küche beliebte glänzende (glasierte) Reis wurde früher mit einer Mischung aus Glucose und asbesthaltigem Talkum überzogen. Seitdem man die krebserregende Wirkung der Asbestfasern erkannte, wird zum Glasieren nur noch asbestfreies Talkum verwendet.

Wie fit macht Kaffee?

Droge Nummer eins in deutschen Tassen ist Bohnenkaffee – der durchschnittliche Jahresverbrauch des Bundesbürgers lag 1994 bei 171 Litern. Damit hat er sogar dem extraordinären Rauschmittel Bier den Rang abgelaufen. Seine Entdeckung und Herkunft ist sagenumwoben, seine Wirkung von höchster Stelle abgesegnet: Als der Prophet Mohammed sich dem Tode nahe fühlte, sandte ihm Allah höchstpersönlich einen Zaubertrank. „Kahwa" hieß die flüssige, schwarze Arznei, eine Bezeichnung, die ursprünglich Rausch oder Stärke bedeutet. Wie die Legende besagt, erwachte der Prophet nach wenigen Schlucken nicht nur zu neuem Leben, sondern setzte auch unerhörte Kräfte frei: Vierzig bewaffnete Reiter besiegte er, und vierzig Frauen beglückte er noch am gleichen Tag. Jahrhunderte später nahm man es in Europa mit der Wahrheit ebenfalls nicht so genau, strafte die arabischen Kaffeepropagandisten Lügen und blies in ein anderes Horn: Das exotische Getränk aus dem Morgenland töte die Manneskraft und schwäche die Nerven, ließen Kaffeegegner verbreiten. Dabei waren sie weniger um die Gesundheit ihrer Mitbürger besorgt, als um ihr eigenes Wohlergehen – die Lobbyisten der Schnapsfraktion sahen in der neuen Droge eine ernsthafte Konkurrenz für den Branntweinabsatz. Andere übertrieben die Wirkung des schwarzen Kaffeebohnenaufgusses ins Gegenteil – er stärke die sexuelle Lust, ließen seine Fans verlauten, und weil er dazu noch als Allheilmittel gegen Gebrechen aller Art ins Reich der Wunderdrogen glorifiziert wurde, verkaufte man in Deutschland die braunen Bohnen zunächst in der Apotheke. Sein Siegeszug durch die europäischen Lande mag in der Hauptsache tatsächlich auf seiner Wirkung beruhen, denn den ersten Schluck werden die meisten so empfunden haben, wie Lieselotte von der Pfalz im 17. Jahrhundert: „Mein Gott, wie kann so waß bitters undt stickentes erfrewen, wie daß caffé ist! Wir hatten vor dießem einen rohtkopffigten erzbischoff von Paris, der roch aus dem maul eben wie der caffé; daß gibt mir so einen großen eckel davor. Thé kompt mir vor wie heu und mist, caffe wie ruß und feigbonen ..." Dafür, daß die Heidelberger Adlige keiner Geschmacksverirrung unterlag, sprechen die Studien der Ernährungspsychologen. Gegen den Kaffeegeschmack hat der Mensch eine angeborene Abneigung, so haben sie herausgefunden. „Anfänger" übertünchen die unangenehme Note des Bittergetränks deshalb mit Milch und Zucker. Nach einer gewissen Eingewöhnungszeit assoziiert der werdende Kaffeetrinker dann den Milch- und Zuckergeschmack mit dem des Kaffees, so daß er nach und nach mit mehr oder weniger großem Genuß auch pur respektive „schwarz" getrunken werden kann.

Kein geringerer als Johann Wolfgang von Goethe wollte irgendwann mal genau wissen, was es mit dem Lieblingsgetränk der Dichter und Denker nun wirklich auf sich hatte. Im Jahre 1820 ließ er dem Chemiker Friedlieb Ferdinand Runge ein Kistchen Kaffeebohnen zuschicken und bemerkte dazu: „Auch diese können Sie zu ihren Untersuchungen gebrauchen." Runge tat, wie ihm geheißen, und entdeckte fast gleichzeitig mit den französischen Professoren Robiquet, Pelletier und Caventou das Hauptalkaloid des Kaffees, 1, 3, 7-Trimethylxanthin, weiße, in Wasser lösliche Kristallnadeln mit schwach bitterem Geschmack, besser bekannt als Koffein. Brillat-Savarin, der literarisch ambitionierte Feinschmecker, brachte dessen Wirkung auf den Punkt, ohne sie wahrscheinlich in chemischer Reinheit erkannt zu haben: „Zweifellos regt der Kaffee die zerebralen Kräfte lebhaft an. Auch wird sicher, wer ihn zum ersten Male trinkt, einen Teil seiner Nachtruhe einbüßen. Gewohnheit mag diese Wirkung zuweilen mildern oder abwandeln, aber viele Naturen spüren jene Erregung immer wieder und müssen folglich den Genuß des Kaffees meiden. (...) Die Schlaflosigkeit, die der Kaffee verursacht, ist durchaus nicht unangenehm: man hat die klarsten Vorstellungen und durchaus keine Lust zu schlafen: voilà tout! Man ist weder aufgeregt noch unglücklich, wie sonst, wenn man aus andern Gründen nicht schlafen kann; was aber nicht hindert, daß dieses unzeitgemäße Wachsein auf Dauer sehr schädlich werden kann."

An der kontroversen Einschätzung in früheren Jahrhunderten hat sich bis heute nicht viel geändert – von erhöhten Cholesterinkonzentrationen über ein erhöhtes Herzinfarktrisiko, Migräneattacken bis hin zur erhöhten Osteoporoseanfälligkeit reichen die Krankheitsrisiken, die mit dem Kaffeetrinken in Verbindung gebracht werden. Allen Unkenrufen zum Trotz bekräftigen und beschwören diejenigen, die sich ihre vier bis zehn Tassen pro Tag reinziehen, die Fit- und Muntermachertheorie ohne Risiken und Nebenwirkungen. Was wirklich dran und drin ist im Lieblingsgetränk der Deutschen, steht beispielsweise im Pschyrembel, dem bekannten klinischen Wörterbuch: „Koffein wirkt erregend auf Hirnrinde, Atemzentrum und Gefäßzentrum, es beschleunigt die Herztätigkeit (nach vorhergehender Verlangsamung), wirkt koronarspasmenlösend (löst Krämpfe der Herzkranzgefäße) und diuretisch (harntreibend). Die Gehirndurchblutung nimmt ab." Kritisch kann's werden ab 0,5 g Koffein, enthalten in 5 Tassen Kaffee. Schlaflosigkeit, Herzklopfen, Beklemmungsgefühle, Unruhe, Nervosität, starke Erregung, Gesichtsrötung, Magen-Darm-Beschwerden und verstärkten Harndrang spürt einer, der nicht genug kriegen konnte. Richtig dosiert dagegen steigert Kaffee Wachheit und Energie genauso wie Aufmerksamkeit und Sprechgeschwindigkeit. Die Betonung liegt auf richtig dosiert. Jeder Mensch reagiert anders auf das Koffein, und die vermuteten 2000 weiteren Inhaltsstoffe des Kaffees, von denen weit weniger als die Hälfte genau identifiziert und analysiert wurden. Deshalb können keine eindeutigen Aussagen darüber gemacht werden, wieviel was genau bewirkt. Bei hochgradig gestreßten und nervösen Zeitgenossen schlagen die oben beschriebenen Wirkungen ins Gegenteil um. Innere Unruhe, mangelnde Konzentrationsfähigkeit und Schlaflosigkeit können bereits nach einer Tasse Kaffee auftreten. Bei älteren Menschen entpuppt sich Kaffee als Schlafmittel – bedingt durch den zunächst aufputschenden Effekt, der nach kurzer Zeit zur Ermattung führt. Widersprüchliche Meldungen und die Warnungen vor gesundheitlichen Risiken kommen unter anderem auch deshalb zustande, weil Wechselwirkungen mit anderen Genußmitteln eindeutige Bestimmungen erschweren. So sind beispielsweise starke Kaffeetrinker meist auch starke Raucher – was das höhere Herzinfarktrisiko erklären könnte, vor dem Kaffeetrinker gewarnt werden.

Fazit: Wenn man's verträgt, kann das eine oder andere Tässchen Kaffee durchaus den Grips beflügeln.

Setzt Kaffee den Alkoholspiegel herab?

„Alles Quatsch, ich trink' noch 'ne Tass' Kaff', dann bin ich wieder fit", lallen Schluckspechte und Tresenlurche in der Regel diejenigen an, die sich aus gegebenem Anlaß erlauben, auf den Zusammenhang zwischen übermäßigem Alkoholgenuß und Fahruntüchtigkeit hinzuweisen. Nüchtern betrachtet: Die Mär von der wundersamen Wirkung des Kaffees als Blutalkoholkiller hat sich in die Köpfe der trinkenden Massen so tief eingefressen wie Fettzellen in die Säuferleber. Richtig ist: Kaffee nach Alkohol erhöht den Blutalkoholspiegel, weil das Koffein die Aufnahme des Alkohols verstärkt. Bei geübten Kampftrinkern täuscht er nach der Flasche zuviel zwar kurzfristig ein gewisses „Erwachen" vor, in Wirklichkeit kommt es jedoch zu einer weiteren Beeinträchtigung aller körperlicher Reaktionen. Bei kreislaufschwachen Zeitgenossen kann die Kombination von zuviel Alkohol und Kaffee sogar zum technischen K. o. führen.

Ist Mineralwasser „reiner" als Leitungswasser ?

Bis zu sechs Wochen kann ein Mensch ohne feste Nahrung überleben – ohne Wasser ist es in der Regel nach drei Tagen aus mit ihm. Angesagt sind zwei bis drei Liter Flüssigkeit pro Durchschnittsbürger und Tag, um alle Körperfunktionen optimal am Laufen zu halten. Zieht man das ab, was mit dem Essen geschluckt wird (Gemüse enthält beispielsweise 85–98 Prozent, Marmelade 49 Prozent Wasser), bleiben ein bis zwei Liter, die man täglich trinken sollte. Alkoholische Getränke zählen nicht, weil sie unsere Wasserbilanz nachhaltig stören, und wer als

Schönheitsideallinie die ungepolsterte anstrebt, wird auch Fruchtsäfte und Limos aus seinem Glas verbannen wollen. Was bleibt? „Wasser ist das Beste", steht in den Olympischen Siegesliedern Pindars – nur, woher kommt das Beste, aus der Wasserleitung oder aus dem Krug? Das ist die Frage und das war die Frage, die sich die Meister der organisierten Körperertüchtigung schon vor – man mag es kaum glauben – 2000 Jahren stellten! Nicht alles, was aus dem Aquädukt in die durstigen Kehlen floß, war der Gesundheit zuträglich, wie der Architekt und Dokumentar Vitruv zu Augustus' Zeiten vermerkte: „Auch ist Wasser aus Tonröhren gesünder als das durch Bleiröhren geleitete, denn das Blei scheint deshalb gesundheitsschädlich zu sein, weil aus ihm Bleiweiß entsteht (...) Daher scheint es ganz und gar nicht gut, daß man Wasser durch Bleiröhren leitet, wenn wir der Gesundheit zuträgliches Wasser haben wollen." Bleivergiftungen waren damals jedoch hauptsächlich ein Problem der Oberschicht. Friseur und Gladiator schöpften aus Tiber, Brunnen oder Quellen – eine eigene Wasserleitung in die Zweizimmerwohnung der „insulae", wie sich die damaligen Mietskasernen nannten, war nicht im Gehalt drin. Die Antike lebt..., denn in unseren Wohnhäusern sind sie unter Umständen drin, alte Wasserleitungen aus Blei, und zwar in Altbauten, die vor 1935 gebaut wurden. Mit Vorsicht zu genießen ist auch das Wasser, das aus neu installierten Kupferrohren fließt, vor allem dann, wenn es weich und sauer ist. (Auskunft über die Zusammensetzung des Wassers und über geeignete Werkstoffe für die Trinkwasserinstallation geben die örtlichen Wasserwerke und Gesundheitsämter.) Die Profis der Trinkwasserinstallation sind im Bilde, das Bundesinstitut für gesundheitlichen Verbraucherschutz und Veterinärmedizin (BgVV) plädiert für Warnhinweise an den Materialien, die von Selbermachern verarbeitet werden, etwa mit folgendem Wortlaut: „Aus gesundheitlichen Gründen dürfen Kupferrohre nicht für Wasser aus Hausbrunnen und nicht für hartes Trinkwasser mit einem pH-Wert unter 7,3 verwendet werden. Gefährdet sind insbesondere Säuglinge." Im Vergleich zu den Zuständen im alten Rom sind Erwachsene in der Regel nicht gefährdet. Der Rat der Gesundheitsämter: Für die Zubereitung von Babynahrung nie Wasser verwenden, das längere Zeit, z. B. über Nacht, in einer alten Blei- oder neuen Kupferleitung gestanden hat. Da kann es am ehesten zu einer Anreicherung mit Schwermetallen kommen. Dazu noch ein Tip: Mit der „Fingerprobe" läßt sich feststellen, wann das „alte" Wasser durchgelaufen ist: Frisches Wasser ist kälter als das abgestandene.

Alles in allem ein klares Plädoyer für den Griff zur Flasche? Mitnichten. Auf der Suche nach dem Haar in der Suppe respektive dem Dreck im Wasser wird man auch in der Flasche fündig. „Von ursprünglicher Reinheit" soll das sein, was aus der Erde in die Abfüllanlagen sprudelt, so will es die Mineral- und Tafelwasserverordnung vom 1. August 1984. Klingt gut, doch zwischen Ursprung und Reinheit muß kein ursächlicher Zusammenhang bestehen, sagen uns die geologischen Gegebenheiten und die Wasseranalyse. Giftstoffe in der Natur sind von Natur aus natürlich: Die über Jahrtausende von Jahren aus den Gesteinsschichten gelösten Substanzen müssen nicht die besten für unser Fortbestehen sein; Arsen kann im Grundwasser gelöst sein, Cadmium, Quecksilber oder auch Nitrat – abgesehen von dem, was über die Düngung ins Grundwasser gelangt. Womit wir an der Quelle eines weiteren Übels wären: Was der Homo faber in die Luft bläst und in die Erde schüttet, geht keineswegs verloren; früher oder später finden sich sämtliche Agrar- und Industriechemikalien analytisch klar in den unterirdischen Wasservorkommen wieder – auch wenn es Jahrzehnte dauern kann, bis sie zu den Mineralien im Mineralwasser durchgesickert sind. Bergbau, Flußregulierungen, Erdölbohrungen etc. tun noch ein übriges, um uns das Fürchten vor dem großen Verdursten zu lehren. Geologen warnen vor einer Verunreinigung des Erdinnneren, einer Durchmischung des Grundwassers mit verunreinigtem Oberflächenwasser in gigantischen Dimensionen. Bei Bohrungen auf der Suche nach fossilen Bodenschätzen ist es bereits vorgekommen, daß eindringendes Salzwasser oder Erdöl die Grundwasserhorizonte erreicht und das Trinkwasser in großen artesischen Becken unbrauchbar gemacht hat.

Ende der Horrorvisionen oder langer Rede kurzer Sinn: Die ursprüngliche Reinheit bedarf der Kontrolle und des Kohlefilters, egal ob sie über die Wasserleitung oder die Wasserflasche ins Haus kommt. Eine Nullsumme an Schadstoffen gibt es weder da noch dort, dafür gibt es Grenzwerte. Deshalb ist der gute Rat in diesem Fall nicht teuer, sondern der preisgünstigste: Mineralwasser ist zwar in der Gunst aller trinkenden Klassen seit 1980 auf nahezu das Dreifache gestiegen, Leitungswasser steht dem abgefüllten, teuren Naß in Sachen kontrollierte Reinheit nicht nach.

Vergiften Tischfilter das Wasser?

„Verschlimmbessert“ ist eine treffende Vokabel für die Trinkwasserqualität, die durch den Gebrauch von Tischwasserfiltern erreicht wird. Eine im Auftrag des Bundesministeriums für Gesundheit durchgeführte Untersuchung von Haushaltswasserfiltern brachte folgende Ergebnisse: „Während die von den Herstellern versprochenen Verringerungen von Blei- und Kupfergehalten, zumindest während eines begrenzten Zeitraumes, überwiegend erreicht wurden, muß mit zunehmendem Alter der Filterpatronen eine Erhöhung der Keimbelastung im Trinkwasser in Kauf genommen werden. Das führte (...) dazu, daß ein großer Anteil der untersuchten Filtratproben nicht mehr den in der Trinkwasserverordnung festgelegten mikrobiologisch-hygienischen Anforderungen an Trinkwasser entsprach.“

Hiobsbotschaften wie „Schwermetallrückstände im Leitungswasser“ oder „Die Grundwasserverseuchung schreitet immer mehr fort“ sind Wasser auf die Mühlen der Filterhersteller – das Geschäft mit der Angst blüht. Das von gesundheitsbewußten Käufern erwartete „klinisch reine“ Wasser fließt jedoch aus anderen Quellen. Das Bundesinstitut für gesundheitlichen Verbraucherschutz und Veterinärmedizin (BgVV) stellte fest, „daß bei bestimmungsgemäßem Gebrauch der Filter eine Keimvermehrung stattfindet, die darauf zurückzuführen ist, daß sich die im Trinkwasser in geringer Anzahl vorhandenen, meist apathogenen (nicht krank machenden) Keime in der Filtermasse vermehren und bei darauffolgendem Gebrauch in das Filtrat ausgespült werden.“ Das filtrierte Wasser sollte deshalb vor dem Verzehr abgekocht werden.

Der große Durst

Es ist ein Brauch von alters her:
Wer Sorgen hat, hat auch Likör.

Wilhelm Busch

Stimmt es, daß Männer durchs Biertrinken Brüste kriegen?

Stimmt. Leidenschaftliche Biertrinker schieben nicht nur den sattsam bekannten Bauch als Erkennungszeichen vor sich her, sondern oft auch einen mehr oder minder wabbeligen Brustansatz. Der entsteht nicht deshalb, weil beschwipste Fettzellen nicht mehr wissen, was Männlein und Weiblein ist und sich an der falschen Stelle einnisten, sondern durch die im Hopfen und in der Brauhefe enthaltenen weiblichen Sexualhormone. Damals, als Hopfen noch von Hand gepflückt wurde, machten die Hormone auch den Frauen zu schaffen – Hopfenpflückerinnen litten unter Zyklusstörungen. In der Volksmedizin wurde Hopfentee als Mittel gegen Masturbation und als Anti-Aphrodisiakum verwendet.

Macht Pernod impotent?

Ja, aber nur diejenigen, die im 19. Jahrhundert geboren sind und sich – aus ihren alten Beständen – täglich eine Flasche reinziehen.

Der Pernod, den's heute zu kaufen gibt, hat mit dem gleichnamigen giftgrünen Wermut-Trunk von damals nicht viel mehr als den Namen gemeinsam. Und der stammt von dem Likörfabrikanten Henri-Louis Pernod. Er kaufte die Rezeptur für den Trinkbranntwein im Jahre 1797 einem gewissen Dr. Ordinaire ab. Der Arzt hatte das Getränk in seiner Pariser Klinik als Wurmmittel, gegen Fieber und als magenstärkende Medizin eingesetzt.

Die breite Masse hatte anscheinend ziemlich viel übrig für Gesundheitsvorsorge – schon bald war ganz Frankreich dem 60–70prozentigen Modegetränk verfallen. Die verheerenden Folgen, die die Volksdroge Wermutlikör damals anrichtete, führte und führt man auf das an Thujon reiche ätherische Öl des Wermutkrautes (Absinth) zurück, weshalb Herstellung und Vertrieb des Gebräus im Jahre 1923 verboten wurden. Mit großer Sicherheit war das „Bitter-Tonicum" allerdings nicht allein für die Gesundheitsschäden verantwortlich, sondern auch die enormen Alkoholmengen, die geschlürft wurden. Die Verfasser des Appetitlexikons aus dem 19. Jahrhundert sind da allerdings anderer Ansicht: „Seit einigen 30 Jahren ist der Liqueur in Verruf geraten, doch ohne sein Verschulden, denn was in den französischen und belgischen ‚Gifthütten' als Absinth geschenkt wird, ist in Wahrheit nur gefärbter und mit Pfeffer, Schwefelsäure, Kupfervitriol und anderem Teufelszeug versetzter Kartoffelschnaps, dessen fortgesetzter Genuß allerdings zum Säuferwahnsinn führen muß."

Wie auch immer – Pernod und all die anderen Pastis-Getränke enthalten heute keine Wermut-Auszüge mehr. Die charakteristische Geschmacksnote wird durch Anis, Fenchel usw. erreicht. Die Absinth-Nachfolger machen demnach so sehr oder so wenig impotent wie andere alkoholische Getränke – wenn jemand danach nicht mehr kann, liegt's am Zuviel und nicht am Pernod – bekanntermaßen hemmt Alkohol die Synthese des männlichen Hormons Testosteron.

Was ist besser für den Wein – Kork oder Schraubverschluß?

Ein Chateau Lafite mit Schraubverschluß? Eine Beerenauslese mit Plastikstopfen? Der Weinliebhaber wendet sich mit Grausen. Der Getränketechnologe und Vernunftmensch fragt: Warum nicht? Für ihn sind Schraubdeckelchen und Kronkorken als Weinverschluß die bessere Alternative. Im Vergleich zu ihrem natürlichen Konkurrenten zerbröseln sie nicht, können in gleichbleibender Qualität und sehr preisgünstig hergestellt werden, sind völlig geschmacksneutral, hygienisch einwandfrei und geben im Lagerkeller kein Futter für die Korkmotte ab. Auch auf die Qualität des Weines hat die kunststoffgefütterte Metallkappe keinen schlechten Einfluß, im Gegenteil. Winzer wie Dr. Matthias Lawall, die schon vor Jahren auf das neue Schließverfahren umgestellt haben, können auf ihre Weine vorbehaltlos 10 Jahre Garantie geben. Auslaufende Flaschen, die beim Korkstopfen oft reklamiert werden und das eine oder andere Korkgeschmäcklein, das manchem Wein mit Kennermiene angedichtet wird, können nämlich nicht mehr vorkommen. Alles in allem Gründe genug, den Korken an der Eiche zu lassen, wäre da nicht die liebe Gewohnheit und – nicht zuletzt – das schlechte Image des Metallhäubchens. Was auf der Bier- und Sprudelflasche Karriere gemacht hat, hat auf einem Qualitätswein mit und ohne Prädikat noch lange nichts zu suchen: Für die meisten Weinbeißer ist es allein schon aus Prestigegründen unvorstellbar, den Korkenzieher gegen einen Kapselheber einzutauschen und, viel schlimmer noch, nach erfolgtem „Plopp" dem liebgewordenen Ritual des Korkenschnupperns nicht mehr frönen zu können. Die Weinflasche soll er krönen, der Kork, drin aber darf er nichts verloren haben.

Diese beiden Forderungen in Einklang zu bringen ist Herausforderung und Problem für den Winzer. Im Idealfall erfüllt das Material seine Aufgabe sogar über viele Jahre hinweg auf vollkommene Art und Weise: 40 Millionen perfekt abgedichtete, mit Luft gefüllte Zellkammern pro Kubikzentimeter Kork schmiegen sich jedem Flaschenhals vollelastisch so an, daß der Wein so gut wie keine Luft mehr kriegt. Bei Ausgrabungen in Frankreich fand man mit Korkstopfen verschlossene, gläserne Weinamphoren aus dem 3. Jahrhundert nach Christus. Der Wein hatte zwar den Gipfel seiner Entwicklung überschritten, war aber längst nicht Essig und durchaus noch zu trinken – der Kork hatte fast 1700 Jahre dichtgehalten. Auch auf der indonesischen Insel Java fanden Archäologen vor einiger Zeit eine Rarität in verkorkter Flasche. Der Tropfen aus dem Jahre 600 n. Chr. soll von außergewöhnlich guter Qualität gewesen sein. Das könnte, was die Güteklasse des Korks angeht, die Regel sein, aber leider zeigt das Naturprodukt genau wie der Wein, den es beschützen soll, natürlicherweise standort- und jahrgangsbedingte Qualitätsunterschiede. Die kann man zwar durch gezielte Auswahl, sorgfältige Kontrollen und ebensolche Verarbeitung berücksichtigen, aber bei 1,35 Milliarden Verkorkungen pro Jahr allein in Deutschland sind sogar Tausende von Irrläufern natürlich menschlich. Das heißt, der Winzer hat „Ausläufer", Flaschen, bei denen der Proppen nicht dichtgehalten hat, und er hat „Korkschmecker", wie der Kellermeister Weine mit dem typisch muffigen, manchmal auch bitteren Korkton nennt. Der kommt im übrigen weitaus seltener vor, als er von stammtischseligen Weinnasen erschnüffelt wird. Um des lieben Umsatzfriedens willen lassen viele Gastronomen ihren Gästen den Triumph, einen korkeligen Beigeschmack aufgespürt zu haben, wo gar keiner zu finden war. Schließlich zeugt eine derartige Beanstandung von „Weinwissen", und das hat mancher Gast halt gern, wenn er seinen Geschäftsfreunden oder der neuen Flamme imponieren muß. Das Nachsehen haben in solchen Fällen die Weinkellerei und die Winzer. Sie müssen auf ihre Kappe nehmen, was nicht mal ihr Korken verbrochen hat und mit Schraubhäubchen nie passiert wäre.

Macht Rotwein kreativ?

Unter gewissen Umständen könnte man sagen: ja. Ganz sicher ist jedoch: Doof bleibt doof, und wo nichts ist, kann nichts kreativ werden.

Ein Gläschen Rot- oder Weißwein kann die intellektuellen Leistungen durchaus ankurbeln – Alkohol erweitert die Blutgefäße, wirkt aktivierend auf das Nervensystem, die Gehirndurchblutung wird angeregt und somit die Sauerstoffzufuhr erhöht. Diese Wirkungen sind allerdings eine Frage der Dosis und Alkoholverträglichkeit – was dem einen den zündenden Einfall beschert, kann beim anderen alles auslöschen, was an Ideen jemals hätte entstehen können.

Der Literatur-Genius Johann Wolfgang von Goethe, der sein Leben lang zwei bis drei Flaschen Wein pro Tag geleert haben soll – was von seinen Biographen gerne verschwiegen wurde –, sagte: „Es liegen im Wein allerdings produktivmachende Kräfte bedeutender Art; aber es kommt dabei alles auf Zustände und Zeit und Stunde an, und was dem einen nützt, schadet dem anderen.“ Auch William Shakespeare war ein Freund dieser Theorie: „Wein macht das Gehirn sinnig, schnell und erfinderisch, voll von lebenden, feurigen und ergötzlichen Gedanken.“ Last but not least kommt Georg Christoph Lichtenberg zu Wort: „Wenn man manchen großen Taten und Gedanken bis zu ihrer Quelle nachspüren könnte, so würde man finden, daß sie öfters gar nicht in die Welt gekommen sein würden, wenn die Bouteille verkorkt geblieben wäre.“

Sind Weintrinker intelligenter als Biertrinker?

Sie wären es wahrscheinlich gern, doch es mangelt an Beweisen. Nicht so den Intelligenzforschern. Nach deren Studien ist der IQ, der Intelligenzquotient, bis zu 80 Prozent erbbedingt, und der Rest wird vom „Milieu“ bestimmt – egal, was man trinkt.

Die Einteilung in kluge Wein- und doofe Biertrinker dient der Image- und Statuspflege und hat ihren Ursprung aller Wahrscheinlichkeit nach in den Trinkgewohnheiten unserer Urväter und -mütter. Im alten Ägypten tranken die Oberschichtler Wein, Bier war das Getränk für den Pöbel. Später, im Feudalzeitalter, wurde ähnliches praktiziert: „Für den

Adel die alten Weine, für die Neureichen Champagner, der in Silberkübeln serviert wurde, damit er seine Rolle als Statussymbol erfüllen konnte, für den Bürger das Bier, allenfalls einen leichten Tischwein, und für den Mann, der sich vorwiegend von Kartoffeln ernährte, den Fabrikarbeiter aus den Mietskasernen, den billigen Fusel aus Korn oder Kartoffeln."

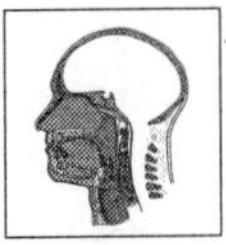

Werden bei jedem Vollrausch 100 000 Gehirnzellen abgetötet?

An dieser Frage scheiden sich die gelehrten Geister, wahrscheinlich weil das Abzählen der Gehirnzellen „vorher" genausoviel Probleme bereitet wie das Abzählen „nachher". Stellvertretend für viele seien hier zwei Meinungen zitiert:

Richard M. Restak (Gehirnforscher):

„Alkohol als Neurotoxin (Nervengift) bleibt umstritten. Mit Ausnahme von Absinth konnte bei keinem alkoholischen Getränk ausreichend nachgewiesen werden, es handle sich um ein Neurotoxin. Zweifellos gibt es jedoch einen Zusammenhang zwischen Alkohol und Gehirnschädigung. Alkohol liefert beispielsweise Kalorien, die den Appetit eines Menschen verringern. Deshalb ernähren sich viele Alkoholiker unzureichend und nicht ausgewogen. Der Mangel an Vitamin B-Komplexen führt zur direkten Zerstörung von Gehirnzellen, insbesondere in den Zonen, die für Gedächtnis und Koordination zuständig sind."

A.W. Logue (Ernährungspsychologin):

„Durch fortgesetzten exzessiven Alkoholkonsum verringert sich die Hirnmasse, und es kommt auch zu anderen Formen allgemeiner Hirnschädigungen.(...) Alkoholiker zeigen in Intelligenztests bei vielen Aufgabentypen schlechtere Leistungen als Nichtalkoholiker. (...) Die Fähigkeiten zur Lösung scheint sich bei vielen dieser Aufgaben, zum Beispiel bei der Bildung nonverbaler Begriffe, wieder zu verbessern, wenn der Alkoholiker aufhört zu trinken.

Bisher gibt es noch keine eindeutigen Befunde darüber, welche Alkoholmengen zu derartigen kognitiven Defiziten führen. Es wäre möglich, daß selbst soziale Trinker, die niemals riesige Mengen trinken, einige dieser Defizite zeigen. Es ist weitere Forschung erforderlich, um diese Frage überzeugend zu klären."

Ist Alkohol am Morgen danach das beste Mittel gegen einen Kater?

Die Wahrheit ist hart, aber Fakt: Das alkoholische Post-Intoxikationssyndrom, vulgo „Kater“ oder „Katzenjammer“, gehört zu den am wenigsten erforschten Krankheiten überhaupt. Und das, obwohl Tausende und Abertausende täglich von diesem Leiden betroffen sind und obwohl der Kater mindestens 6000 Jahre alt sein dürfte. Aller Wahrscheinlichkeit nach brummte er zum ersten Mal in sumerischen Köpfen, denn die ersten zivilisierten Menschen der Weltgeschichte gelten nicht nur als Erfinder des Rades und der Keilschrift, sondern auch als Erfinder des Bieres. Sie brauten es erstmals aus Gerstensaft. Das ungewürzte Sauerbier – die Sumerer kannten weder Hopfen noch ein Reinheitsgebot – war so ungemein beliebt, daß sogar eine Göttin, Ninkasi – die Frau, die den Mund füllt – dafür zuständig erklärt wurde. Einfache Tempelbedienstete hatten einen gesetzlichen Anspruch auf einen Liter, Mitglieder der High Society auf fünf Liter Bier pro Tag. Daß von allen gerne mehr geschluckt wurde und der „grausame Plagegeist des Kopfes“ im Land zwischen Euphrat und Tigris Stammgast war, dürfte nicht zu bezweifeln sein, behaupteten die Griechen doch später, ihr Gott des Rausches und der Trunksucht, Dionysos, der ganz sicher kein Speis- und Trankverächter war, sei völlig von den Socken aus dem Lande getorkelt, weil für die Sumerer das Sternhagelvollsein der Normalzustand war und er nicht habe mithalten können. Das läßt vermuten, daß ein Kater sofort nach seinem Auftreten ersäuft wurde, sprich, daß das heutzutage von eingefleischten Kampftrinkern propagierte „Hundshaare auflegen“ praktiziert wurde. Ob das Bier, die Bloody Mary oder der russische Nikolaschka am Morgen danach wirklich als Katerkiller der ersten Wahl Wirkung zeigen, sei den Betroffenen zur gefälligen Prüfung überlassen – der biochemischen Theorie nach beruht die Logik der Wirkung auf folgenden Voraussetzungen und Stoffwechselfunktionen:

Dem amerikanischen „Katerforscher“ Jones zufolge ist nicht der reine Alkohol (Äthylalkohol oder Ethanol) für den Kater verantwortlich, sondern das Methanol (Methylalkohol). Im Volksmund ist es auch als Holzgeist bekannt, eine angenehm riechende, farblose Flüssigkeit, die schmeckt wie Schnaps und zu Zeiten, als selbiger noch rar und teuer war, von schnapsdurstigen Zeitgenossen auch ersatzweise geschluckt wurde. Die Folgen waren übel – eine Methanolvergiftung kann zur Erblindung führen.

In geringen Mengen kommt Methanol zum einen in den alkoholischen Getränken vor – es stammt aus den Schalen der Weintrauben und Früchte, wobei Steinobstbrände sehr viel und Rotweine mehr Methanol enthalten können als Weißweine. Zum anderen entsteht Methanol als Abbauprodukt des Alkohols in der Leber. In weiteren Schritten wird es im menschlichen Körper zu Formaldehyd und der hochgiftigen Ameisensäure verstoffwechselt. Daß es als Auslöser der typischen Katerbeschwerden wie Kopfschmerzen, Schwindel und Erbrechen gilt, belegt Mr. Jones wie folgt:

1. Getränke mit einem höheren Methanolgehalt verursachen schlimmere Kater als die mit niedrigem oder gar keinem.
2. Die schlimmsten Katersymptome tauchen zeitgleich mit dem höchsten Ameisensäurespiegel im Blut auf.
3. Eine kleine Dosis Alkohol blockiert die Entstehung von Formaldehyd und Ameisensäure, bewirkt das Verschwinden der Katersymptome.

Und genau dieser Punkt gilt als Rechtfertigung für den Drink am Morgen danach als Katerkiller. Wohl dem, dem's hilft, für alle anderen machen wir abschließend eine Katerbekämpfungsanleihe bei den alten Griechen:

„Erstens: Trinke keinen schlechten und keinen unverdünnten Wein und iß kein Naschwerk dazu.

Zweitens: Wenn du genug hast, lege dich nicht hin, bevor du nicht mehr oder weniger gründlich erbrochen hast.

Drittens: Wenn du reichlich erbrochen hast, wasche dich kurz ab und lege dich zur Ruhe. Wenn du dich nicht genügend entleeren kannst, nimm ein längeres Bad und strecke dich in der Wanne in möglichst heißem Wasser aus." (Mnesitheos, Arzt im alten Griechenland)

Leider ist nicht überliefert, wie wirksam das Katerrezept war, genausowenig wie wir das des Archenkapitäns und Weintrinkers Noah kennen, dessen gottserbärmlicher Zustand nach ein paar Krügen zuviel sogar biblische Erwähnung findet: „Noah aber, der Ackermann, pflanzte als erster einen Weinberg. Und da er von dem Wein trank, ward er trunken und lag im Zelt aufgedeckt..."

Wieder nüchtern, hatte er einen geradezu alttestamentarischen Zornesausbruch – eine Folge des Katers?

Zum Schluß

Essen Sie nie mehr,
als Sie heben können!

Miss Piggy
(aus der Muppets Show)

Was ist doch gleich was?

ADI-Wert: Acceptable Daily Intake, zu deutsch DTA, die Duldbare Tägliche Aufnahme gibt die Menge an Lebensmittelzusätzen wie Farbstoffe oder Konservierungsmittel oder Rückständen wie Cadmium oder Blei an, die der menschliche Organismus täglich aufnehmen kann, ohne dauerhafte Schäden zu erleiden. Die Werte werden mit Tierversuchen ermittelt. Ein Hunderstel der Dosis, die in Langzeit-Tierversuchen keine erkennbaren Schäden gezeigt hat, wird für den gesunden Menschen als verträglich bewertet.

Aminosäuren: Grundbausteine der Eiweißstoffe. Ihr Name leitet sich von den mit dem Ammoniak verwandten Aminen ab. Ihre Zusammensetzung (Aminosäurensequenz) ist entscheidend für die artspezifischen genetischen und immunologischen Eigenschaften der menschlichen, tierischen und pflanzlichen Organismen. Man unterscheidet zwischen essentiellen oder lebensnotwendigen Aminosäuren, die der Körper zum Aufbau von arteigenem Eiweiß braucht, aber nicht selbst herstellen kann. Das sind Histidin, Isoleucin, Leucin, Lysin, Methionin, Phenylalanin, Threonin, Tryptophan und Valin. Diese essentiellen Aminosäuren kommen fast alle in unterschiedlichen Mengen in Fisch, Fleisch-, Ei- und Milcheiweiß und im Eiweiß von Zerealien vor.

Die übrigen, nichtessentiellen Aminosäuren kann der menschliche Organismus aus den essentiellen aufbauen.

Ballaststoffe: Die vom menschlichen Organismus nicht oder nur teilweise verdaulichen Bestandteile pflanzlicher Nahrungsmittel. Früher hielt man sie für überflüssigen, unverdaulichen „Ballast“ (nach dem Wörterbuch: wertlose Fracht) in der Ernährung, später hat man ihre vielfältige Wirkung im Organismus, vor allem für die Verdauungstätigkeit erkannt. Für die Pflanzen sind Ballaststoffe Gerüstsubstanz der Zellen oder Quell- und Schleimstoffe. Chemisch gesehen sind die wichtigsten Zellulose, Hemizellulose, Lignin und Pektin. Man unterscheidet weiter zwischen Ballaststoffen, die Wasser binden und dadurch das Stuhlvolumen erhöhen, und zwischen wasserlöslichen, die von der Darmflora abgebaut werden. Erkrankungen des Verdauungstraktes (z. B. Verstopfung, Hämorrhoiden, Divertikulose), Stoffwechselerkrankungen (Fettsucht, Diabetes, Nierensteine), Autoimmunerkrankungen

(z. B. rheumatische Erkrankungen) u. v. a. m. werden in ursächlichen Zusammenhang mit ballaststoffarmer Ernährung gebracht. Viel Ballaststoffe sind enthalten in Kartoffeln, Naturreis, Vollkorngetreide, frischem Obst und Kompott, Hülsenfrüchten, Rosenkohl, Broccoli.

Biogene Amine: Substanzen, die aus Aminosäuren entstehen und in tierischen und pflanzlichen Lebensmitteln vorkommen. Sie bilden sich auch bei der Verarbeitung von Lebensmitteln wie Käse, Rohwurst, Sauerkraut, Bier oder Wein, und sie entstehen beim Verderb, wie beispielsweise bei der Zersetzung von Fischeiweiß. Biogene Amine haben vielfältige Wirkungen, z. B. beeinflussen sie die Psyche, erhöhen oder senken den Blutdruck, oder sie können zu allergischen Reaktionen führen. Im allgemeinen zeigen sich nach dem Verzehr kleinerer Mengen keine negativen Begleiterscheinungen. Werden größere Mengen aufgenommen, kann es allerdings zu Vergiftungserscheinungen kommen. Zu Vorsicht wird geraten beim Verzehr von zu lange gelagerten Makrelen oder Thunfisch; manche Weine, vor allem, wenn die sorgfältige kellertechnische Verarbeitung zu wünschen übrig läßt, enthalten unverträgliche Mengen, die u. a. für den „Kater" verantwortlich gemacht werden. Besonders auffällig wurde in diesem Zusammenhang der Chianti-Wein. Auch in bestimmten Käsesorten wurden je nach Herkunft und Herstellungsverfahren gesundheitlich relevante Mengen an biogenen Aminen gefunden. Vergiftungserscheinungen äußern sich durch allergische Reaktionen, asthmatische Anfälle, Kopfschmerzen, Übelkeit und Erbrechen.

Body Mass Index (BMI): Eine vor allem für wissenschaftliche Untersuchungen übliche Formel zur Ermittlung von Übergewicht.

BMI = Gewicht in kg / Körperlänge $(m)^2$

Als grober Maßstab gilt: Ein BMI-Ergebnis von mehr als 30 zeigt behandlungsbedürftiges Übergewicht, weniger als 18 behandlungsbedürftiges Untergewicht an.

Broca-Formel: Die am häufigsten gebrauchte und beliebteste Formel zur Ermittlung des optimalen Körpergewichts (Sollgewicht):

Broca-Gewicht = Körperlänge in cm minus 100

(Beispiel: Normalgewicht bei einer Körperlänge von 170 cm = 70 kg).

Broca-Index = tatsächliches Gewicht dividiert durch das Broca-Gewicht (Soll-Gewicht).

Als Ideal-Gewicht gilt ein Broca-Index von 1,0. Anders als früher werden heute Abweichungen von 10–15 Prozent toleriert.

Darmflora: Bakterien, die den menschlichen und tierischen Darm besiedeln und u. a. verantwortlich sind für die Zersetzung der Nahrungsbestandteile. Bekannt sind weit über 400 unterschiedliche Darmbakterien-Arten. Im Dünndarm kommen eine Million bis eine Milliarde Bakterien pro Gramm, im Dickdarm tausend Milliarden Bakterien pro Gramm Darminhalt vor. Eine gesunde Darmflora hemmt u. a. das Wachstum krankmachender Keime, senkt den Cholesterinspiegel und wirkt sich günstig auf das Immunsystem aus.

Enzyme oder Fermente: Vom lebenden Organismus gebildete Eiweißstoffe mit hoher Wirksamkeit. Sie wirken als Beschleuniger (Biokatalysatoren) biochemischer Vorgänge und nehmen somit eine tragende Rolle beim Stoffwechselgeschehen ein. Beispiel: Bestimmte Enzyme des Verdauungstraktes bezeichnet man als Hydrolasen. Sie spalten Mehrfachzucker, Fette und Eiweißstoffe unter Wasseranlagerung in wasserlösliche Bausteine.

In der Lebensmittelproduktion werden Enzyme in vielfältiger Weise eingesetzt, beispielsweise um die Saftausbeute von Obst und Gemüse zu erhöhen.

Fasten: Ist religiösen Ursprungs und sollte einst als Sühnezeichen der Reinigung des Körpers und der Seele dienen. Heute dient es vorrangig der Entschlackung und Gewichtsreduzierung und wird nach verschiedenen Methoden praktiziert:

1. Null-Diät: Außer kalorienfreien Getränken wie Mineralwasser oder ungesüßtem Tee nimmt der Fastende nichts zu sich. Diese strengste Form des „Abspeckens“ sollte nur für eine begrenzte Zeit stationär unter ärztlicher Kontrolle stattfinden, um einer lebensgefährlichen Unterversorgung mit essentiellen Nährstoffen vorbeugen zu können. Je nach Konstitution kann ein Mensch in Notzeiten 30–70 Tage ohne Nahrung überleben.

2. Saftfasten (nach Buchinger): Beginnend mit Obst-, Reis- oder Rohkosttagen wird der Körper auf minimale Kalorienzufuhr (600–1300 kJ/150–300 kcal) in Form von Obst- und Gemüsesäften, Brühen und Tees vorbereitet.

3. Heilfasten: Ist vergleichbar mit dem Saftfasten und wird unter

ärztlicher Kontrolle zur Therapie bestimmter Stoffwechselkrankheiten angewandt.

Sämtliche Fastenmethoden sind wegen gesundheitlicher Gefahren umstritten, auch ist wissenschaftlich nicht haltbar, was der Volksmund als die positiven Auswirkungen einer „Entschlackungskur" sieht, da eine „Reinigung" des Organismus von schädlichen Stoffwechselprodukten kontinuierlich über die Nieren geschieht.

Fette (Lipide, Lipoide) und Fettsäuren: (griech. Lipos = Fett) Sie gehören zu den energiereichsten Nährstoffen und kommen beim Menschen in allen Zellen, bei den Pflanzen hauptsächlich in Samen, Fruchtfleisch und Keimen vor.

Fette dienen u. a. als Energiespeicher für langfristige Nahrungsreserve, als Wärmeschutz (Isolierschicht), Schutz vor mechanischen Verletzungen (Polster für Augen, Nieren etc.) und schützen Haut und Haare durch ihre wasserabstoßende Wirkung. Ihre Zufuhr über die Nahrung ist lebensnotwendig, da sie unter anderem Träger fettlöslicher Vitamine sind und der Mensch bestimmte Bestandteile der Nahrungsfette, wie ungesättigte Fettsäuren, nicht herstellen kann, diese aber zum Aufbau körpereigener Fette braucht. Pflanzliche Fette, wie Olivenöl oder Erdnußöl, haben einen hohen Gehalt an essentiellen oder ungesättigten Fettsäuren, während tierische Fette (Butter, Sahne, Schmalz) einen höheren Anteil an gesättigten Fettsäuren haben.

Idealgewicht: Gibt das Körpergewicht an, bei dem die Lebenserwartung angeblich am höchsten ist. Die Daten wurden von einer amerikanischen Lebensversicherungsgesellschaft errechnet und sind mehr und mehr umstritten. Als Idealgewicht gilt das Normalgewicht nach Broca, abzüglich 10 Prozent für Männer und 15 Prozent für Frauen.

Kalorien: Veralteter, aber beliebter Begriff für Energieeinheiten. Definition: Eine Kilokalorie (kcal) ist die Wärmemenge, die benötigt wird, um einen Liter Wasser von 14,5 auf 15,5 Grad Celsius zu erwärmen (1000 cal = 1 kcal = 4186 Joule = 4,186 kJ).

Die durch die Nahrung in Form von Fetten, Kohlenhydraten und Proteinen zugeführte Energie setzt der Organismus u. a. in Arbeitsenergie, Wärme, zur Aufrechterhaltung der Atmung, des Blutkreislaufs und der gesamten Soffwechselvorgänge um. Dabei bezeichnet man die Energiemenge, die ein Mensch in völliger Ruhe, nur zu Aufrechterhaltung der lebensnotwendigen Körperfunktionen braucht, als Grundumsatz. Er ist abhängig von Alter, Geschlecht und Körperbau und wird üblicherweise mit 4,2 kJ (1 kcal) pro Kilogramm Körpergewicht und Stunde angegeben. (Beispiel: Bei 70 Kilogramm Körpergewicht errechnet sich ein durchschnittlicher Grundumsatz von 6300–7140 kJ (1500–1700 kcal). Der Gesamternergiebedarf errechnet sich aus Grundumsatz und Leistungszuwachs (Umsatzsteigerung). Er ergibt sich aus der Art der ausgeführten Tätigkeiten wie Arbeit oder Sport. Beispiel (Durchschnittswerte): Die Umsatzsteigerung beim Gehen beträgt 6,28 kJ (1,5 kcal) pro Kilogramm Körpergewicht und Stunde. Im Stehen verbraucht man 2,04 kJ (0,5 kcal) pro Kilogramm Körpergewicht und Stunde.

Kohlenhydrate oder Saccharide: (griech. Sacchar = Zucker) Sie gehören zusammen mit den Fetten und Eiweißstoffen zu den Grundnährstoffen und sollten im Idealfall die größte Menge unseres Energiebedarfs decken. Man unterscheidet zwischen Einfachzuckern (Monosacchariden) wie Trauben- oder Fruchtzucker, Zweifachzuckern (Disacchariden) wie Rohr-, Rüben-, Milch- und Malzzucker, und Mehrfachzuckern (Polysaccharide), zu denen Stärke und Ballaststoffe gehören. Nahezu alle Zucker werden im Organismus in Einfachzucker zerlegt und dienen so der direkten Energiegewinnung von fast allen Körperzellen. Zudem dienen sie als Vorratsstoff: Monosaccharide, die nicht zur sofortigen Energiegewinnung benötigt werden, baut der Organismus in Glykogen (wird in der Muskelmasse und der Leber gespeichert) oder Fett um. Bei Bedarf wird das Depotfett wieder als Glucose (Traubenzucker) freigesetzt. Weiterhin erfüllen Kohlenhydrate vielfache spezifische Funktionen wie Regulierung des Wasser- und Elektrolythaushalts, Mitwirkung bei Abwehrreaktionen u. v. a. m.

Wer unter Übergewicht leidet, sollte den Konsum von Ein- und Zweifachzuckern (Schokolade, Bonbons, Ketchup, Senf, Limonaden u. a.) einschränken, da sie recht schnell in Fett umgebaut werden und zum anderen die Sättigungswirkung von kurzer Dauer ist. Bei Diäten empfiehlt man, den Zuckerbedarf vorrangig mit Mehrfachzuckern (Getreide, Kartoffeln, Obst, Gemüse) zu decken.

Lebensmittel- und Bedarfsgegenständegesetz (LMBG): Beinhaltet gesetzliche Bestimmungen über den Verkehr mit Lebensmitteln, Tabakerzeugnissen, kosmetischen Mitteln und sonstigen Bedarfsgegenständen wie Reinigungs- und Pflegemittel, Insektenvertilgungsmittel und andere Mittel und Gegenstände, die „bestimmungsgemäß nicht nur vorübergehend mit dem menschlichen Körper in Berührung kommen". In den einzelnen Paragraphen sind der Gesundheitsschutz, der Täuschungsschutz (Klarheit in Information und Werbung), die Überwachung durch Behörden, Lebensmittelmonitoring (Erkennung von Gesundheitsgefährdungen), das Lebensmittelstrafrecht und die Ein- und Ausfuhr von Lebensmitteln reglementiert.

Lebensmittel-Zusatzstoffe: Sind laut LMBG „Stoffe, die dazu bestimmt sind, Lebensmitteln zur Beeinflussung ihrer Beschaffenheit oder zur Erzielung bestimmter Eigenschaften oder Wirkungen zugesetzt zu werden; ausgenommen sind Stoffe, die natürlicher Herkunft oder den natürlichen chemisch gleich sind und nach allgemeiner Verkehrsauffassung überwiegend wegen ihres Nähr-, Geruchs- oder Geschmackswertes oder als Genußmittel verwendet werden, sowie Trink- und Tafelwasser." Weil sie in Lebensmitteln eine technologische Funktion haben, werden folgende Substanzen den Zusatzstoffen gleichgestellt: Mineralstoffe und Spurenelemente außer Kochsalz, Aminosäuren, die Vitamine A und D, Zuckeraustauschstoffe außer Fruchtzucker, sowie alle Süßstoffe. Zusatzstoffe sind: Farbstoffe, Farbstabilisatoren, Konservierungsstoffe, Säuerungsmittel und Säureregulatorien, Antioxidantien, Dickungs- und Geliermittel, Emulgatoren, Zuckeraustauschstoffe, Süßstoffe, Phosphate, Feuchthaltemittel, Schmelzsalze, Mittel zur Erhaltung der Rieselfähigkeit, Backtriebmittel, Trennmittel, Geschmacksverstärker, Überzugsmittel, Trübstabilisatoren, Schaumstabilisatoren, modifzierte Stärken, Trägerstoffe und Festigungsmittel. Sämtliche EU-weit zugelassenen Zusatzstoffe sind mit den sogenannten E-Nummern ausgewiesen.

Nitrate: Die Salze der Salpetersäure kommen von Natur aus im Boden vor. Für die Pflanzen sind es Nährstoffe, die sie unter anderem zum Aufbau von Eiweiß brauchen. Bei einem Überangebot von Nitraten, wie es bei einer Überdüngung mit künstlichen Stickstoffdüngern oder Gülle u. a. vorkommt, speichert die Pflanze Nitrate in Stengeln und Blättern, ohne sie zu verstoffwechseln. Nitrate sind im Grunde genommen nicht giftig. Besonders für Säuglinge und Kleinkinder gefährlich wird erst die Substanz, die der menschliche Körper daraus macht: Nitrit. Es behindert den Sauerstofftransport im Blut und führt im Falle einer schweren Vergiftung bei Säuglingen zu „innerem Ersticken". Leichte Vergiftungen äußern sich durch Übelkeit, Magenbeschwerden und Atemnot. Weiterhin können die zu Nitriten umgewandelten Nitrate mit anderen Pflanzenstoffen (biogenen Aminen) im Verdauungstrakt die krebserzeugenden Nitrosamine und Nitrosamide bilden. Aufgrund dieser Tatsachen empfiehlt die Weltgesundheitsorganisation (WHO) für Erwachsene, täglich nicht mehr als 220 mg Nitrat aufzunehmen. Für Säuglinge können bereits 6 bis 7 mg Nitrat pro kg Körpergewicht gefährlich werden. Kopfsalat, Feldsalat, Spinat, Radieschen, Rettich und Rote Beete reichern besonders viel Nitrat an – bis zu 5000 mg/kg wurden gemessen. Das ehemalige Bundesgesundheitsamt hat Richtwerte für Nitrat in Gemüse erlassen: So sollte der bei uns verkaufte Spinat beispielsweise nicht mehr als 2000 mg, Radieschen nicht mehr als 3000 mg/kg Frischware enthalten. Da Nitrat wasserlöslich ist, läßt sich durch intensives Waschen oder Blanchieren der Nitratgehalt auf weit über die Hälfte reduzieren. Vitamin C und Vitamin E wirken der Bildung von Nitrosaminen im Magen-Darm-Trakt entgegen.

Nitrate sind jedoch nicht nur in Salat und Gemüse enthalten. Aufgrund der bei uns gehandhabten Düngepraxis ist auch das Grundwasser mit Nitrat verseucht. Als Grenzwerte für Nitrate im Trink- und Mineralwasser werden 50 mg pro Liter angegeben. Auch Fleisch, Wurst und Käse sind nicht ohne: Nitritpökelsalz wird als „Umrötungsmittel" verwendet, um Fleisch und Wurst das frisch-rote Aussehen zu verleihen. Die höchsten Nitrit-Gehalte hat roher Schinken. In den Schnittkäse, wie Gouda, Tilsiter, Leerdamer, werden Nitrate gerührt, um zu verhindern, daß Löcher reinkommen, wo keine hinsollen: Nitrate verhindern unerwünschte Gasbildung bei der Käsereifung. Bei der Herstellung zugesetzt werden dürfen maximal 60 mg/kg Frischkäse, diese Menge reduziert sich aufgrund der vorgeschriebenen vierwöchigen Lagerzeit: Auf dem Käseteller enthält Schnittkäse nur noch 4 mg/kg.

Novel Food: Eine offizielle Definition dieser Bezeichnung gibt es nicht, im allgemeinen Sprachgebrauch versteht man darunter gentechnisch hergestellte Lebensmittel.

Proteine: Eiweißstoffe. Der Name leitet sich von der griechischen Vokabel „protos" (der erste) ab, weil man bei einer frühen Einteilung der Nährstoffe davon ausging, daß Eiweiß die wichtigste Rolle im menschlichen Organismus einnimmt („Ohne Eiweiß kein Leben"). Etwa 1000

Proteine sind bis heute bekannt. Muskeln, Organe, Blut, Haut, Knochen, Hormone – jede Zelle enthält Eiweißstoffe. Der Körper baut sie aus den mit der Nahrung aufgenommen Aminosäuren (Bausteine der Eiweißstoffe) auf. In Bezug auf die optimale Versorgung mit Eiweiß gilt die Zufuhr dann für ausgewogen, wenn unterschiedliche Eiweißquellen, also tierisches und pflanzliches Eiweiß, aufgenommen wird, da sich dann die Aminosäuren am besten ergänzen können. Als empfehlenswerte Zusammenstellungen gibt die DGE beispielsweise Getreide und Hülsenfrüchte, Käsebrot, Milchreis, Kartoffeln und Spiegelei, Fisch mit Kartoffeln an.

Freie Radikale: Instabile Sauerstoffmoleküle, die aufgrund ihrer unvollkommenen Struktur (sie enthalten ungepaarte Elektronen) die Verbindung mit anderen Molekülen anstreben. Eine gewisse Menge an Freien Radikalen benötigt der Körper beispielsweise, um Bakterien abzutöten. Nehmen sie jedoch überhand, was durch UV-Strahlung oder Streß ausgelöst werden kann, schädigen sie gesunde Zellen. Unter anderem macht man sie verantwortlich für bestimmte Formen von Krebs und Herzerkrankungen. Stoffe, die einen Überschuß an Freien Radikalen beseitigen, nennt man Antioxidantien oder Radikalenfänger. Vitamin C, Vitamin E und Beta-Carotin zählen zu den Radikalenfängern, die man mit der Nahrung zuführen kann. Die Forschungen bezüglich ihrer Schutzwirkung sind noch nicht abgeschlossen.

Transgene Pflanzen und Tiere: So bezeichnet man Pflanzen und Tiere, deren genetische Eigenschaften, d. h. deren Erbinformationen, mittels Gentechnik verändert wurden.

Vegetarismus: Der griechische Philosoph Pythagoras (6. Jahrhundert v. Chr.) gilt als Vater der fleischlosen Ernährung. Einer seiner Leitgedanken war das Reinheitsgebot bei der Wahl der Speisen, die er aus der Erkenntnis ableitete, daß der Mensch von dem geformt wird, was er tut, und daß, was den Körper belastet, die Seele an der Erkenntnis hindert. Eine bescheidene Pflanzenkost hielt er für die angemessene Ernährung, um die Harmonie von Körper und Geist zu gewährleisten.

Die heutige Welle des Vegetarismus hat ebenfalls ethische Grundlagen – kein Mensch hat das Recht, seine Mitgeschöpfe zu töten oder in anderer Form verantwortungslos mit ihnen umzugehen. Vor dem Hintergrund tierquälerischer Massenproduktion, des unverantwortlichen Einsatzes von Hormonen, Antibiotika und anderen Masthilfsmitteln hat die einst verpönte Ernährungsform eine neue Anhängerschaft gewonnen. Grundsätzlich unterscheidet man zwischen drei Grundformen der vegetarischen Ernährung:

1. Ovo-lakto-Vegetarier essen pflanzliche Kost, Milch, Milchprodukte und Eier .
2. Lakto-Vegetarier essen pflanzliche Kost und Milchprodukte.
3. Reine Vegetarier essen nur Getreide, Obst und Gemüse. Veganer beschränken sich ebenfalls auf rein pflanzliche Kost, essen grundsätzlich nichts was mit der „Ausbeutung" von Tieren zu tun hat, also auch keinen Honig, und sie benutzen zudem keine Gebrauchsartikel tierischer Herkunft wie Leder, Wolle etc.

Vollwertkost: „Laßt unsere Nahrung so natürlich wie möglich!" lautet das Motto der Vollwertköstler. Dahinter steckt die Theorie, daß der ernährungsphysiologische Wert eines Nahrungsmittels um so höher, also „vollwertiger" ist, je weniger es verarbeitet wurde und je weniger Zusatzstoffe es enthält. Frische, ungekochte Lebensmittel (Rohkost, Rohmilch) und daraus hergestellte Produkte, kaltgepreßtes Öl, keine Fabrikzuckerarten, sondern Honig, Trockenfrüchte und frisches Obst, keine Auszugsmehle, sondern selbst gemahlenes Mehl, wenig Fleisch und Eier aus kontrolliert biologischer Landwirtschaft gehören zu den „musts" der Vollwerternährung.

Verwendete Literatur

Die Unsitte des Trinkgeldgebens hat erfreulicherweise einer würdigeren Form Platz gemacht. Drücken Sie dem Personal die Hand, jedem fest ins Auge sehend, und finden Sie ein aufrichtiges Wort des Dankes, dann wird man sie nie vergessen.

Loriot

Adrian, Hans; Temming, Rolf und Vollers, Arend: *Das Teebuch,* München 1989
Ariès, Philippe und Duby, Georges (Hrsg.): *Geschichte des privaten Lebens,* 5 Bde., Frankfurt a. M. 1989

Balick, Michael und Cox, Paul Allen: *Drogen, Kräuter und Kulturen,* Heidelberg, Berlin, Oxford 1997
Bitsch, Irmgard; Ehlert, Trude und von Ertzdorff, Xenja: *Essen und Trinken in Mittelalter und Neuzeit,* Wiesbaden 1997
Braudel, Fernand: *Sozialgeschichte des 15.-18. Jahrhunderts, Der Alltag,* München 1985
Buddecke, Eckhart: *Grundriß der Biochemie,* Berlin 1973
Bundesinstitut für gesundheitlichen Verbraucherschutz und Veterinärmedizin (BgVV), Berlin: *Pressemitteilungen 1997–1998*
Bundesinstitut für gesundheitlichen Verbraucherschutz und Veterinärmedizin (BgVV): *Lebensmittel und Gentechnik,* Berlin 1998
Burton, Robert: *Die Anatomie der Melancholie,* Mainz 1995 (Originalausgabe: Oxford 1651)

Deutsche Gesellschaft für Ernährung: *Die Nährstoffe – Bausteine für Ihre Gesundheit,* Frankfurt 1994
Deutsche Gesellschaft für Ernährung (Hrsg.): *Ernährungsbericht 1996,* Frankfurt 1996
Deutsche Gesellschaft für Ernährung: *Novel Food – Gentechnisch hergestellte Lebensmittel,* Kernen 1995
Deutsche Gesellschaft für Ernährung (Hrsg.): *Was wir so alles trinken – Getränke in der Ernährung,* Frankfurt 1996
DGE-info – Fachinformationen der Deutschen Gesellschaft für Ernährung e. V., Jahrgänge 97 und 98
Didou-Manent, Michèle: *Dick oder dünn?* München 1998
Dixon, Bernard: *Der Pilz, der John F. Kennedy zum Präsidenten machte,* Heidelberg, Berlin, Oxford 1994

Elmadfa, Ibrahim und Leitzmann, Claus: *Ernährung des Menschen,* Stuttgart 1990
Ernährungs-Umschau, Jahrgänge 97 und 98

Fülgraff, Georges (Hg.): *Lebensmittel-Toxikologie,* Stuttgart, 1989

Habs, Rudolf und Rosner, L.: *Appetitlexikon,* Frankfurt 1998

Jany, Klaus-Dieter: *Gentechnik und Lebensmittel,* Informationsschrift der Bundesforschungsanstalt für Ernährung, Karlsruhe 1998

Kasper, Heinrich: *Ernährungsmedizin und Diätetik,* Müchen, Wien, Baltimore 1996
Klink, Vincent: Zu Risiken und Nebenwirkungen ... in: SZ-Magazin vom 14. 5. 1999, S. 22–26

Kluthe, Reinhold und Kasper, Heinrich: *Alkoholische Getränke und Ernährungsmedizin,* Stuttgart, New York 1998
Küster, Hansjörg: *Kleine Kulturgeschichte der Gewürze,* München 1997

Lindner, Ernst: *Toxikologie der Nahrungsmittel,* Stuttgart, New York 1990
Logue, Alexandra: *Die Psychologie des Essens und Trinkens,* Heidelberg 1995

Martinetz, Dieter: *Nahrungsgifte,* Leipzig, Jena, Berlin 1995
Matissek, Reinhard (Hrsg.): *Moderne Ernährung heute, 2 Bde.,* Köln 1995–1996
Müller, Manfred J.: *Ernährungsmedizinische Praxis,* Berlin, Heidelberg, New York 1998

Nantet, Bernhard u. a.: *Alles Käse!,* Köln 1994
Nehberg, Rüdiger: *Die Kunst zu überleben,* München 1998

v. Paczensky, Gert und Dünnebier, Anna: *Kulturgeschichte des Essens und Trinkens,* München 1994
Pape, Thomas (Hrsg.): *Schokolade. Eine kulinarische Anthologie,* Stuttgart 1998

Rätsch, Christian: *Pflanzen der Venus,* Hamburg 1995
Ramos-Elorduy, Julieta: *Creepy Crawly Cuisine,* Rochester 1998
Restak, Richard M.: *Geheimnisse des menschlichen Gehirns,* München 1989
Root, Waverley: *Wachtel, Trüffel, Schokolade,* München 1994

Schuhmacher, Karl u. a.: *Das große Buch der Schokolade,* Füssen 1998

Täufel/Ternes/Tunger/Zobel: *Lebensmittel-Lexikon, 2 Bde.,* Hamburg 1993
This-Benckhard, Hervé: *Rätsel der Kochkunst,* Berlin, Heidelberg 1996
Thompson, Richard F.: *Das Gehirn,* Heidelberg, Berlin, Oxford 1994

Uhlenbruck, Gerhard: *Eigenschaften von Grünem Tee: Eine Übersicht,* in: Journal für Orthomolekulare Medizin 6, 3 (1998)

Visser, Margaret: *Mahlzeit!* Frankfurt 1998
Vollmer, Günter u. a.: *Lebensmittelführer, 2 Bde.,* Stuttgart 2. Aufl. 1995

Waskow, Frank (Katalyse-Institut für angewandte Umweltforschung): *Hanf & Co,* Göttingen 1996
Weeber, Karl-Wilhelm: *Alltag im Alten Rom,* Düsseldorf, Zürich, 1997
Weeber, Karl-Wilhelm: *Die Weinkultur der Römer,* Zürich 1993
Worm, Nicolai: *Täglich Wein,* Bern, Stuttgart 1997

Buchanzeigen

Guter Rat in der Beck'schen Reihe

Beate Besten

Sexueller Mißbrauch und wie man Kinder davor schützt

3., neubearbeitete Auflage. 1995. 136 Seiten. Paperback
Beck'sche Reihe Band 445

Harald Bresser

Leberfleck und Pfirsichhaut

Was Frauen über ihre Haut wissen sollten
1996. 256 Seiten. Paperback
Beck'sche Reihe Band 1153

Jed Diamond

Der Feuerzeichen-Mann

Wenn Männer in die Wechseljahre kommen
Aus dem Englischen von Edith Wesel
1999. 343 Seiten. Paperback
Beck'sche Reihe Band 1299

Volker Faust

Seelische Störungen heute

Wie sie sich zeigen und was man tun kann
1999. 382 Seiten. Paperback
Beck'sche Reihe Band 1287

Carl Heese

Wenn das Erinnern schwerfällt

Formen und Behandlung von Gedächtnisproblemen
1999. 144 Seiten mit 6 Abbildungen und 3 Tabellen. Paperback
Beck'sche Reihe Band 1320

Ludwig Reiners

Sorgenfibel

oder Über die Kunst, durch Einsicht und Übung seiner Sorgen Meister zu werden
117. Tausend. 1997. 141 Seiten. Paperback
Beck'sche Reihe Band 354

Verlag C.H. Beck München

1,–